AF394117

Daniela Röder

Weniger ist mehr

Wie Eltern
ihre Kinder gelassener
erziehen können

FSC
www.fsc.org
MIX
Papier aus ver-
antwortungsvollen
Quellen
Paper from
responsible sources
FSC® C105338

Die Deutsche Nationalbibliothek
verzeichnet diese Publikation in der
Deutschen Nationalbibliografie, im Internet
über www.dnb.de abrufbar.

Gestaltung und Satz:
janzen-grafik@t-online.de

Herstellung und Verlag:
BoD – Books on Demand, Norderstedt
ISBN 978-3-7386-4268-1

Wir leben heute in einer „Reptiliengesell-schaft". Jeder liegt auf der Lauer nach ei-nem „Schnäppchen". Das erzeugt unnötige Kon-flikte und Stress, der in unseren Alltag einfließt. In diesem Buch werden Hintergründe aufgezeigt, die zu den heutigen Problemen geführt haben.

Die Autorin Daniela Röder, 1964 in Frankfurt am Main geboren, studierte nach mehrjähriger Tätigkeit in der Tourismusbranche Sozialpädago-gik. Seit 2005 arbeitet sie als Lernberaterin P.P.®.

Aufgrund ihrer langjährigen Tätigkeit als Lern-beraterin hat sie festgestellt, wie Schule den Fa-milienalltag bestimmt. Letztendlich waren es immer Kleinigkeiten, die zu Missverständnissen geführt haben. Hinter zahlreichen Konfliktmög-lichkeiten verbergen sich immer wiederkehrende Muster. Werden sie erkannt, kann dieser Teufels-kreis durchbrochen werden.

Mein Dank gilt all jenen,
die zur Entstehung dieses Buches
beigetragen haben.

Besonders hervorheben
möchte ich meine Freundinnen
Bea und Ute sowie meine Tochter,
die mich wiederholt
ermutigt hat.

Daniela Röder

Themenübersicht

Hintergründe, die zu heutigen Erziehungsschwierigkeiten geführt haben

Über den richtigen Umgang mit Konflikten

**Der Zusammenhang zwischen
Wahrnehmung und Konflikten**

Tipps für den Familienalltag

Heilsame Leere

Weniger ist Mehr-

ein Denkanstoß

Der Literaturmarkt ist überschwemmt von nützlichen und weniger nützlichen Erziehungsratgebern. Für jeden Teilbereich im Zusammenleben mit Kindern gibt es eigene Literatur. Es handelt sich um Anregungen, Kindern das Ein- und Durchschlafen zu erleichtern, Tipps zum Stillen, Anleitungen im Umgang mit Grenzen, pädagogisch wertvolle Spiele, Vorschläge zur Förderung der Konzentrationsfähigkeit und dergleichen mehr. Doch was verbirgt sich hinter dieser Vielfalt an Ratgebern?

Ist sie nicht letztendlich ein Zeichen der Verunsicherung von Eltern, Kindern einen "normalen" Start ins Leben zu ermöglichen? Überhaupt, was heißt in der heutigen Zeit schon "normal". Was muss ein heranwachsender Mensch an Fähigkeiten und Eigenschaften mitbringen, um in einer Zeit veränderter und sich weiter verändernder Lebensbedingungen bestehen zu können?

Um alles "richtig" zu machen, müssten sich Eltern einem intensiven Literaturstudium unterziehen. Die Folge davon ist häufig, gar nicht mehr zu wissen, was man eigentlich tun soll. Und diese Unsicherheit bewirkt bei den Kindern ein Gefühl von Hilflosigkeit. Sie werden mit ihrer berechtigten Forderung an den elterlichen Erziehungsauftrag alleingelassen. Diese Vermeidungsstrategie erweckt den Eindruck, Eltern würden ihre Kinder vernachlässigen. Jedoch ist häufig Hilflosigkeit die Ursache für ein neuartiges Phänomen: die sogenannte Wohlstandsverwahrlosung.

Die alarmierte Öffentlichkeit stellt zunehmend Fragen, warum Lernstörungen und Verhaltensauffälligkeiten bei Kindern so stark zugenommen haben. Fast täglich wird über zunehmende Gewaltbereitschaft, allgemeine Respektlosigkeit und mangelnde Rücksichtnahme berichtet und öffentlich diskutiert.

Wenn Erziehung, und damit einhergehend Anforderungen an "Lernen," anders verstanden werden, als eine Methode zum Erlernen unserer wichtigen Kulturtechniken wie Lesen, Schreiben und Rechnen, wird diese Entwicklung nachvollziehbarer. Die in der Schulzeit auftauchenden Probleme liegen in einem früheren Zeitpunkt begründet und sind eine Folge von Lernerfahrungen, die unmittelbar nach der Geburt eines Kindes beginnen und nicht erst zum Zeitpunkt des Schuleintritts. Der Umgang und emotionale Erfahrungen mit Lernprozessen entscheiden darüber, wie Lebensanforderungen, Problembewältigung und Frustration gemeistert werden. Dies bezieht sich nicht ausschließlich auf schulische und berufliche Belange, sondern auch auf den Umgang mit Emotionen, Ängsten und Konflikten.

Nicht die Vermeidung von Konflikten steht im Vordergrund, sondern ein angemessener Umgang mit ihnen. Auch wenn ein Rückzug ins Häusliche auf einer Verunsicherung beruhen kann und dem Wunsch nach klaren Strukturen und Sicherheit entspringt, darf die "Harmoniesucht" nicht in einen "Harmonieterror" umschlagen. Das Leben jedes Menschen ist von Chancen und Risiken der Persönlichkeitsentwicklung geprägt, wobei jeder Lebensabschnitt seine jeweils typischen "Krisen" beinhaltet. Werden diese "Krisen" gemeistert, d.h. emotional verarbeitet, findet eine Weiterentwicklung der Persönlichkeit statt, die es ermöglicht, den Anforderungen gerecht zu werden, die mit einem Eintritt in den nächsten Lebensabschnitt verbunden sind.
Verabschieden wir uns von dem Wunsch nach ständiger Harmonie und stellen uns den Herausforderungen, die jedes Leben mit sich bringt.

Vielmehr sollten wir uns den Fragen widmen, wie wir es schaffen können, diese unabwendbaren Krisen bewältigen zu können. Welcher Art Lernerfahrung bedarf es und wie können wir diese den Kindern vermitteln?

Neben anderen Gründen spielt heute Verunsicherung eine erhebliche Rolle bei der Entscheidung, eine Familie zu gründen. Kinder kosten ja bekanntlich Zeit, Geld und Nerven. Aber Kinder verkörpern auch Zukunft. Sie lassen teilhaben am ständig sich wiederholenden und dennoch einmaligen Schöpfungsprozess. Auf sie zu verzichten, kann den Verlust einer existentiellen Erfahrung bedeuten, der durch materielle Güter nicht ersetzbar ist. Und an welchem Punkt ist eine Gesellschaft angelangt, die nicht mehr an ihre Zukunft glaubt?

In diesem Buch geht es nicht um Vermittlung neuer Erziehungsmethoden und Konzepte. Im Vordergrund steht vielmehr die Frage, welche Faktoren zu einer Verunsicherung in der Erziehung geführt haben. Die uns heute betreffenden Themen und Probleme sind nicht zufällig und aus heiterem Himmel gefallen. Es wird deutlich, wie stark Moralvorstellungen, Bewertungsnormen sowie gesellschaftliche Anforderungen von wirtschaftlicher Entwicklung und daraus resultierenden Zwängen abhängig sind. Unsere heutige Gesellschaft ist das Ergebnis einer langen Entwicklung. Ihr Funktionieren erhält durch eine veränderte Sichtweise eine andere Bedeutung. Und nur eine neue Perspektive bietet Raum für Veränderung. Oder in den Worten von Saint-Exupéry ausgedrückt: Um klar sehen zu können, genügt häufig ein Wechsel der Blickrichtung.

Anhand von Beispielen werden Mechanismen aufgezeigt, die im täglichen Miteinander in uns stattfinden und was sie bei uns auslösen. Hauptgegenstand sind alltägliche Blockaden, die aufgrund emotionaler Erfahrungen entstanden sind und einen erheblichen Einfluss auf jegliches Handeln haben. Die Folgen sind oft unbefriedigend, da sie Veränderungen und Persönlichkeitsentwicklung nur begrenzt zulassen. Es handelt sich typischerweise um jene Situationen, in denen wir genau wissen, dass wir in dieselbe Falle treten. Also den gleichen Fehler wiederholt begehen, obwohl wir es doch eigentlich besser wissen müssten.

*

1.

Warum ist Erziehung heute so schwierig?

Aufziehen und Erziehen von Nachwuchs ist naturgemäß so alt wie die Menschheit. Demnach haben sich die Anforderungen ständig verändert und an den jeweiligen Notwendigkeiten orientiert. Anfänglich standen die optimalen Überlebenschancen einer Sippe im Vordergrund. Mit zunehmender Sicherheit, Wohlstand und gestiegener Lebenserwartung entwickelten sich allmählich Fragestellungen über den Sinn des Lebens. Erziehung wurde zu einem Gegenstand eigener Betrachtung. Seit dem Zeitalter der Aufklärung ist daraus eine wissenschaftliche Disziplin entstanden – die Pädagogik.

Erst seit dieser Zeit, Ende des 18. Jahrhunderts, wird Kindheit als Lebensabschnitt betrachtet. Vorher waren Kinder "kleine Erwachsene", die ihre Funktionen zu erfüllen hatten. Deutlich wird dies anhand alter Gemälde, in denen Kinder einfach als körperlich kleinere Erwachsene dargestellt wurden.

Die Entwicklung der Menschheit, die insbesondere seit dem Zeitalter der Industrialisierung rasant vorangeschritten ist, lässt nachvollziehen, dass der Erziehungsprozess ständigen Veränderungen unterworfen ist. Je schneller sich Lebensumstände ändern, umso schneller muss sich eine Gesellschaft anpassen. Waren dazu bisher Sprünge von einer Generation zur nächsten ausreichend, haben sich die Zeitabschnitte verkürzt. Wurden Werte und Normen bislang generationsübergreifend weitergegeben, stellt sich heute zunehmend die Frage, wohin unser Weg führt. Diese Verunsicherung zeigt sich in den Erziehungsmustern. Nach außen hin entsteht der Eindruck, Kinder seien unerzogen, respektlos und egoistisch. Aus erzieherischer Sicht empfinden Eltern eher ein Gefühl der Ohnmacht und fühlen sich alleine gelassen. Der kollektive Vorwurf, Eltern würden ihre Kinder nicht mehr erziehen, ist aus dieser Betrachtungsweise heraus so nicht haltbar.

Mussten Gesellschaften sich bisher nur an eigenen Veränderungen und Anforderungen orientieren, tritt heutzutage noch ein neuartiges Phänomen hinzu: die Globalisierung.

Gesellschaftsinterne Maßstäbe verlieren ihre Gültigkeit im Hinblick auf gesellschaftsübergreifende, universelle Werte. Schon immer sind Wirtschaften und Handeln der Motor einer Gesellschaft. Stetige Veränderungen stellen lange währende Erziehungsanforderungen in Frage und erfordern wertbereinigte Erziehungsmaßstäbe. Schließlich stellen Kinder das künftige Erwerbspersonenpotential und sollen von Haus aus den Anforderungen an den Arbeitsmarkt gerecht werden.

Eltern sollen demgemäß ihren Erziehungsanspruch erfüllen und Kinder zu Individualität, Flexibilität und Mobilität erziehen. Außerdem sollen sie über hohe soziale Kompetenzen, emotionale Intelligenz und hohe Lernfähigkeit verfügen. Wen wundert es da noch, dass Erziehung schwierig ist?

Zu keiner Zeit hat ein Paradigmenwechsel in der Erziehung radikaler stattgefunden, als nach den 68'er Jahren. Die zuvor seit vielen Generationen herrschenden Wertvorstellungen wurden infolge des 2. Weltkriegs massiv in Frage gestellt und erzeugten Proteste. Ein Prozess des Umdenkens konnte nicht allmählich stattfinden. Aus den krassen Gegensätzen musste ein neuer Weg gefunden werden. Eine solche Entwicklung kann nicht harmonisch verlaufen.

Familie ist heute planbar und somit zu einem Projekt geworden. Bis in die 60er Jahre hinein war der Einfluss auf eine Geburtenkontrolle mehr oder weniger zufällig. Projekte erzeugen jedoch im Gegensatz zu Zufällen eine Erwartungshaltung und unterliegen konkreten Vorstellungen und Zielsetzungen.

Historische Entwicklung der Institution Familie

Familiengründung war in der Vergangenheit zweckmäßigen Zielen untergeordnet. Sie diente dem Werterhalt, der Vermögensvermehrung sowie politischen und territorialen Erwägungen. Darüber hinaus war Arbeitsteilung ein wesentliches Element zur Erhaltung einer Familie. Nur wenn jeder seinen Aufgaben nachgekommen ist, konnte deren Existenz gesichert werden. Menschen sind nicht von Natur aus monogam. So war es ursprünglich durchaus nicht unüblich, dass Frauen Kinder von verschiedenen Männern geboren haben. Als dann erste materielle Güter, wie z.B. Werkzeuge, an die nächste Generation weiterzugeben waren, wollten Männer sicherstellen, diese nur dem eigenen Nachwuchs zu vererben.

Besitz und Besitzstandswahrung sind wesentliche Faktoren eines Familienbilds. In vorindustriellen Zeiten, bis etwa in die zweite Hälfte des 19. Jahrhunderts, durften beispielsweise Paare gar nicht heiraten, die keine Bürgerrechte einer Stadt besaßen, also weder einer Handwerkszunft, dem Adel oder dem aufstrebenden Bürgertum angehörten. Auch wenn von Seiten der Kirche ein sittsames Familienbild gepredigt wurde, hinderten wirtschaftliche Zwänge Paare an Eheschließungen. Somit hatten unverheiratete Frauen Kinder von ein oder mehreren Männern. Zusätzlich bedingt durch eine hohe Sterblichkeitsrate, hatten Kinder früher häufig verschiedene Stiefeltern. Das Phänomen ‚Patchworkfamilie‘ ist also keine Erfindung der heutigen Zeit.

Einflüsse des Christentums verbreiteten sich über andere Länder und Kulturen, und damit einhergehend Monogamie. Andere Kulturkreise verfügen über unterschiedliche Vorstellungen von Ehe und Familie. So kann gesagt werden: es gibt kein einheitliches Familienbild. Es ist jeweils abhängig von den ökonomischen und soziokulturellen Hintergründen einer Gesellschaft. Selbstverständlich wird vorausgesetzt, dass sich Menschen den jeweils herrschenden Erwartungen anpassen, unabhängig davon, ob sie den eigenen Vorstellungen entsprechen.

In den 20er Jahren des 19. Jahrhunderts entstanden erneut Strömungen, bürgerliche Moralvorstellungen und strenge Sitten zu lockern. Im Mittelalter herrschte eine äußerst freizügige Lebensweise, die von der Kirche zunehmend unterdrückt wurde. Sie entwickelte damals rigorose Strategien, um den Verfall der Sitten zu bekämpfen. Nicht zuletzt endete der kirchliche Einfluss in einer Epoche der Hexenverfolgungen und strengster Sittenlehre.

In den 30er Jahren entwickelten die Nationalsozialisten wieder ein strenges Familienbild zur Stärkung von Einheit und Nation. Das damit verfolgte Ziel war die Vermehrung und Reinhaltung des germanischen Erbguts. Es sei hinzugefügt, dass die Nutzbarmachung von Familie nur als Übergangslösung geplant war. Denn letztendlich unterliegen Familien nicht der totalen Kontrolle staatlicher Institutionen. Es ließen sich noch einige Beispiele aufzählen, wie sich die Institution Familie „einem Orchester gleich" instrumentalisieren lässt, um nach dem Taktstock des jeweiligen Dirigenten zu klingen.

Nach dem 2. Weltkrieg orientierte sich die Christlich-Liberale Nachkriegspartei an der Familien- und Sozialpolitik der Nationalsozialisten. In der neuen Verfassung der jungen Bundesrepublik wurden Eheschließungen als umfassendes Versorgungswerk geregelt, bis zum Tod. Der Staat entzog sich somit weitgehend eventuellen Versorgungsansprüchen und auferlegte dem Mann die materielle Sicherung seiner Familie, über die er auch weitgehend bestimmen durfte. Eine Ehefrau konnte ohne Einwilligung des Ehemannes bis 1957 nicht berufstätig sein. Und erst seit 1976 kann eine Ehe ohne „schuldhaftes Vergehen" geschieden werden.

Auch das Ehegattensplitting ist aus dieser Zeit übernommen worden. Es benachteiligt steuerlich den dazuverdienenden Ehegatten. Somit ist es für das Nettoeinkommen einer Familie rentabler, wenn nur ein Ehegatte erwerbstätig ist. Vor allem in höheren Einkommensgruppen. Bislang war dies in den meisten Fällen Männern vorbehalten, sodass Frauenerwerbstätigkeit schnell der Kategorie Hobby oder Taschengeldzuschuss zugeordnet werden konnte. Allerdings ist bei der Gesetzgebung die veränderte Rolle der Frauen nicht bedacht worden. Während des Krieges konnten Männer ihre zivilberuflichen Aufgaben größtenteils nicht mehr wahrnehmen, sodass viele Positionen von Frauen besetzt werden mussten. Daraus entstand für sie erstmals in größerem Umfang eine Perspektive auf ökonomische Unabhängigkeit.

Mit Rückkehr der Männer aus Krieg und Kriegsgefangenschaft wurden Frauen zugunsten der Männer wieder aus der Berufswelt verdrängt. Über die Medien wurde in den 50er Jahren das Bild der glücklichen Hausfrau verbreitet, deren Aufgabe darin lag, zufrieden am heimischen Herd mit einer liebevoll zubereiteten Mahlzeit auf ihren, vom harten Arbeitsalltag heimkehrenden Mann zu warten. Ihre Arbeitskraft wurde auf dem Arbeitsmarkt nicht mehr benötigt. War der Einsatz von Frauen beim Wiederaufbau und vorher in kriegswichtigen Industriezweigen noch notwendig, mussten sie nun das Feld für die heimkehrenden Männer räumen.

Nachfolgende Jahre der Prosperität erforderten in Westdeutschland keine hohe Frauenerwerbsbeteiligung. In Ostdeutschland stellte sich die Situation anders dar. Frauen wurden für den wirtschaftlichen Aufbau benötigt, da viele Männer, vor allem Fachkräfte, in den Westen flohen. Hier entstand anhand der wirtschaftlichen Begebenheiten ein völlig anderes Familienbild. Aus der wirtschaftlich notwendigen Beteiligung von Frauen am Wiederaufbau und Arbeitsprozess wurde ihnen mehr Unabhängigkeit ermöglicht in Bezug auf ihre berufliche Entwicklung, Geburtenplanung sowie familienrechtliche Lebensgestaltung. Ihre berufliche Entwicklung war von großer Bedeutung für die Aufbaujahre der jungen Republik und beeinflusste maßgeblich auch die Schaffung von Kinderbetreuungsangeboten.

Die anschließenden "wilden 60er" Jahre waren von starkem Umbruch gekennzeichnet. Neben dem Deutschen Wirtschaftswunder fand eine sexuelle Revolution statt, die veraltete Moralvorstellungen komplett aus den Angeln gehoben hat. Es wurde mit einer Vergangenheit abgerechnet, die von autoritären Strukturen geprägt war und in einem Vernichtungskrieg endete. Hierdurch entstanden neue pädagogische Konzepte, wie z. B. Antiautoritäre Erziehung.

Im Verlauf der 70er Jahre drängten Frauen infolge der Bildungsoffensive auf den Arbeitsmarkt und ließen sich nicht mehr so einfach an den Herd abschieben. Die Scheidungsrate stieg kontinuierlich an und die klassische Ehe begann, sich zu einem Auslaufmodell zu entwickeln.

Deutschlands Vergangenheit war vom Streben nach Arbeitsfähigkeit und Pflichterfüllung geprägt. Diese Tugenden gipfelten im 2. Weltkrieg: in absoluter Ordnung und Perfektion sowie blindem Gehorsam und Autoritätsglauben.

Anstelle von Pflichterfüllung trat in Folge der

Wunsch nach Selbstverwirklichung. Der Beginn eines neuen Zeitalters: Vom WIR zum ICH. Ohne auf Erfahrungen zurückgreifen zu können und den Weg dorthin zu kennen. Verlief die Entwicklung bisher im Hinblick auf ein funktionierendes Ganzes, zerbrach dieses Weltbild durch das Ende eines grausamen Krieges.

Nach Kriegsende und Besatzungszeit traten viele neue Einflüsse von außen hinzu und ermöglichten einen Einblick in andere Lebensformen. Im einst autoritär strukturierten Deutschland wurde eine Pluralität von Lebensformen möglich. Die sozialpolitischen Strukturen hielten jedoch nach wie vor an einem tradierten Familienbild fest.

Heute stehen Menschen vor der Entscheidung, ob, wann und mit wem sie eine Familie gründen wollen. Auch können sie entscheiden, mit wie vielen Personen. Dadurch hat sich das Familienbild völlig gewandelt. Standen früher weitgehend ökonomische Gesichtspunkte im Vordergrund, tritt heutzutage ein verklärtes Idealbild an seine Stelle.

Am Beispiel von Säugetieren lässt sich so schön beobachten, mit welcher Selbstverständlichkeit sie ihre Jungen aufziehen. Ihnen geht es ausschließlich darum, dem Nachwuchs alle notwendigen Überlebensstrategien beizubringen. Ungeachtet von politischen, ökonomischen oder religiösen Strömungen.

Je weiter wir uns von einer funktionalen Erziehung entfernt haben, desto mehr treten andere Maßstäbe in den Vordergrund. Diese Maßstäbe sind einerseits individuell, sollen andererseits einem großen Ganzen angepasst werden können. Nun leben aber heute alleine in Deutschland mehr als 80 Millionen Individuen. Und Landesgrenzen befinden sich zunehmend in Auflösung.

Wir scheinen heute vergessen zu haben, woher wir kommen. Und glauben, die Zukunft, unbeeinflusst von der Evolution mit ihren tief verankerten Verhaltensweisen, selbst bestimmen zu können. Daraus entsteht die Illusion, dass Rollenverhalten und Rollenmuster plötzlich verändert werden können. Aber gerade diese Annahme hat zu einer Verunsicherung beider Geschlechter beigetragen und spiegelt sich in der heutigen Erziehung wider. Denn sie erhöht den Erwartungsdruck beider Seiten. Männer sind nicht mehr primär für die „Jagd" zuständig, sondern sollen sich außerdem an typisch weiblichen Tätigkeiten beteiligen. Frauen sollen neben ihren klassischen Aufgaben, für „Heim und Herd" zu sorgen, typisch männliche Eigenschaften erfüllen:

Jugendlich knackig, sportlich und aktiv, interessiert und interessant sowie beruflich engagiert, so sollen Frauen heute sein. Denn schließlich gilt es, dem selbstgewählten Partner über einen, heutzutage langen, Zeitraum eine ansprechende Partnerin zu sein. Entfällt heute in vielen Fällen die ökonomische Notwendigkeit zur Fortführung einer Ehe, schließlich baut sie auf Freiwilligkeit auf, muss der Partner zur selbstbestimmten Fortführung der Beziehung motiviert werden. Frauen sollen "ihren Mann" stehen, wollten sie doch die sogenannte "Gleichberechtigung". Ohne die Leistungen der Frauenbewegung schmälern zu wollen, ist dieser Begriff leider ad absurdum geführt. Er suggeriert, alles können zu müssen. Gleichberechtigung beinhaltet ihrem Wesen nach Polarität und bedeutet letztendlich, bestehende Unterschiede zu akzeptieren und als gleichwertig zu achten.

Auch Männer haben es nicht leicht. Einerseits sollen sie kochen, waschen, putzen, stricken und bügeln können, andererseits sollen sie auf die Jagd gehen nach Macht, Geld und Erfolg. Sie wollen teilhaben am schöpferischen Prozess der Frauen, und müssen gleichzeitig für die existenzielle Sicherheit ihrer Sippe sorgen. Ihr Rollenverhalten wird als Macho-Gehabe abgestempelt, aber wehe dem, der versucht, sich weiblich zu verhalten. Dies führt zu einem Ausschluss auf dem Paarungsmarkt, im Kampf um die besten Gene. Und so sind beide Geschlechter gefangen im Kampf um ihre eigene Identität. Neben all diesen Erwartungen soll die "Wunschfamilie" ihren Nachwuchs bestmöglich erziehen. Denn wenn im Regelfall 1 bis 2 Kinder geplant werden, sollen ihnen optimale Chancen geboten werden. Wenn Erziehung von einer nebenbei selbstverständlichen Tätigkeit zu einer Lebensaufgabe heranwächst, verändert sich der Blickwinkel, und ein neuer Fokus entsteht. Dies führt dazu, jeden Entwicklungsschritt genau zu beobachten und zu verfolgen.

Eltern stehen dann auch in einem Konkurrenzkampf zueinander. Wer macht alles am besten? Was kann das eigene Kind im Vergleich zu anderen? Fähigkeiten und Entwicklungen sind nicht zuletzt auch durch Vorsorgeuntersuchungen, Eignungstests und eine enorme Entwicklung im Hinblick auf Qualitätsstandards zunehmend zu einem Objekt öffentlicher Betrachtung geworden. Dadurch rücken eigene Bewertungsmaßstäbe und Toleranz in den Hintergrund. Durch Informationsüberschuss, größere Vergleichbarkeit und eine Mehrzahl an Möglichkeiten fühlen sich Eltern unsicher. Aber gerade Verunsicherung verhindert für den Erziehungsprozess eine absolut notwendige Eigenschaft: Authentizität!

Die Entwicklung im Hinblick auf Selbstverwirklichung beinhaltet eine wesentliche Änderung der Familienstruktur. Denn sie betrifft nicht nur die Jungen, sondern breitet sich generationsübergreifend aus. Die Folge sind Kleinfamilien. Vor allem für Mütter ergeben sich daraus weitreichende Konsequenzen. Wurden Kinder bisher im Familienverbund von Eltern, Großeltern oder Geschwistern erzogen, fällt diese Aufgabe heute weitgehend ihnen zu.

Folglich leben viele Mütter mit ihrem Nachwuchs völlig isoliert. Einerseits steigt das Bildungs- und Qualifikationsniveau von Frauen, andererseits sollen sie ihre Erfüllung in der ganztägigen Betreuung eines sabbernden Kleinkinds finden. Darüber hinaus sollen sie sich selbst verwirklichen, aktiv am Leben teilnehmen und ihrem Partner ebenfalls Raum zur Selbstverwirklichung einräumen. Und zuletzt dazu beitragen, den Kindern alle Möglichkeiten zu bieten, sich ebenfalls selbst zu verwirklichen. Daraus ist ein neuer Berufszweig entstanden: Logistikunternehmen Mama.

Die bisher aufgezeigte Entwicklung erhebt keinen Anspruch auf historische Genauigkeit. Vielmehr soll bewusst werden, wie stark vorherrschende Moralvorstellungen, Bewertungsnormen sowie Anforderungen an den Einzelnen von wirtschaftlicher Entwicklung und daraus resultierenden Zwängen abhängig sind.

"Anders sein" war von jeher suspekt. Menschen, die sich über bestehende Gesellschaftsnormen hinweggesetzt haben, wurden immer verfolgt. Auf der anderen Seite waren es aber immer Menschen mit Zivilcourage, die aufgrund ihrer "Andersartigkeit" enorme Entwicklungsschritte vorangetrieben haben. Heutige Biographien verlaufen auch zunehmend "anders" und erzeugen bei den Betroffenen oft ein ungutes Gefühl. Lebensverläufe sind nicht mehr klar vorgegeben. Es ist eine Herausforderung, anders zu sein. Niemals zuvor hatten Menschen derart verschiedene Möglichkeiten, ihr Leben zu gestalten. Es gibt keinen falschen Weg, sondern viele Wege. Jeder sollte unter Wahrung der Rechte seiner Mitmenschen die Möglichkeit nutzen können, seinen eigenen Weg herauszufinden, auch wenn der Verlauf allgemeinen Wertvorstellungen mitunter widerspricht.

Im Klima von Verunsicherung entwickeln sich gerne radikale Lösungsansätze. Die einen fordern eine Rückkehr zu autoritären Strukturen, andere suchen die Lösung in religiöser Unterwerfung bis hin zum Fanatismus, wieder andere fordern den

Rückzug von Frauen an den Herd unter Berufung auf ihre eigentliche Bestimmung.

Die Zeit lässt sich jedoch nicht zurückdrehen. Viel sinnvoller wären Überlegungen dahingehend, wie sich die heutige Lebensvielfalt mit Familiengründungen verbinden lässt. Wie lassen sich Beruf, familiäre Isolation, Patchworkfamilie und der Wunsch nach Individualität miteinander vereinbaren? Es kann einfach nicht richtig sein, anzunehmen oder davon auszugehen, dass die Zukunft gebildeter und qualifizierter Frauen im besten Alter zu Hause am Herd liegt, sofern sie dies nicht ausdrücklich wünschen. Früher mussten Frauen mitarbeiten. Kinder wurden miteinbezogen oder von anderen Familienmitgliedern betreut. Diese frühere Aufgabenteilung ist lückenlos von Generation zu Generation weitergegeben worden. Was sind heute und für die nahe Zukunft die verbindenden Elemente, damit eine Gesellschaft als solche bestehen kann? Vor allem im Hinblick darauf, nicht noch mehr Verwirrung und Verunsicherung zu stiften, sondern eine Form von Sicherheit und stabilisierendem Rahmen zu schaffen, der es ermöglicht, in Zeiten ständiger Veränderung bestehen zu können.

Idealerweise eine Gesellschaftsform der Toleranz, die den Wunsch nach Radikalität, Stigmatisierung und Dogmatismus erst gar nicht entstehen lässt.

2.

Erziehungsanspruch
an Eltern

Eigentlich weiß niemand Bescheid. Von keiner Seite wird formuliert, wie Erziehung auszusehen hat, welches die wichtigsten Kriterien sind und auf was es genau ankommt. Aber trotzdem funktioniert es. Zumindest irgendwie. Welche Instanz, Kraft oder Machtgefüge bewegt eine solche Anhäufung von Individuen, genannt Gesellschaft? Sind wir eine beliebige Manövriermasse?

Von Umerziehung zu Erziehung

Entwicklung in Deutschland seit dem 16. Jahrhundert:

Seit Beginn der Industrialisierung, also den ersten Manufakturen, haben sich die Anforderungen an Arbeitsfähigkeit verändert. Menschen mussten bisher vor allem körperlich arbeiten und waren abhängig von Naturabläufen. Mal wurde mehr und mal weniger gearbeitet. Sofern nötige Tätigkeiten erledigt wurden, konnte Zeit selbstbestimmt eingeteilt werden. Die Entstehung von Manufakturen erforderte veränderte Arbeitsabläufe, die auf arbeitsteilige Produktionsprozesse abgestimmt waren. Daraus ergaben sich neue Anforderungen an die Arbeitskraft. Vom Selbstversorger zum ausführenden Organ. Die Anfänge des Kapitalismus sind von einschneidenden Veränderungen geprägt, deren Auswirkungen auf Individuum und Gesellschaft bis in die heutige Zeit reichen.

Die notwendige Organisation von Arbeitsprozessen setzte Tugenden wie Zuverlässigkeit, Pünktlichkeit und Ausdauer voraus. Deren Einhaltung wurde mit drastischen Mitteln durchgesetzt. Sie bestanden aus körperlicher Züchtigung und dem Einsatz sogenannter Arbeitshäuser. Die Insassen wurden kontrolliert, diszipliniert und zur Arbeit gezwungen. Solche Maßnahmen hatten nicht nur erzieherischen Charakter, sondern dienten zur Abschreckung der Bevölkerung und erfüllten damit eine wichtige erzieherische Funktion.

Der schnell fortschreitende Produktionsanstieg erforderte eine höhere Anzahl von Arbeitskräften. Ausübung von Kontrolle und Zwang war aber nur in einzelnen Fällen durchführbar, denn schließlich konnten nicht alle Arbeitsunwilligen gleichzeitig in Arbeitshäuser eingesperrt werden. Dauerhafte Veränderungen und Anforderungen können nur durch Werte und Normen erreicht werden. Im besten Fall wenn sie verinnerlicht sind. Lange Zeit war der menschliche Körper Gegenstand von Umerziehung. Die vom Staat durchgeführte Bestrafungspraxis war wesentliches Element der Einflussnahme auf das Funktionieren einer Gesellschaft. Zu Beginn der bürgerlich geprägten Neuzeit veränderte sich Erziehung dahingehend, dass sie nun nicht mehr ausschließlich am Körper, sondern an der Seele des Menschen festgemacht wurde. Der Staat bildete somit die erste Säule einer erziehenden Instanz.

Die Veränderungen der Neuzeit ließen neue Fragestellungen entstehen: Wie lässt sich die psychische Entwicklung der Menschen im Hinblick auf ein angestrebtes Ziel kontrollieren? Erste Theorien über die Bildung und Erziehung des Menschen entstanden im 18. Jahrhundert.

Fremdbestimmte Arbeit entspricht nicht dem natürlichen Lebenszweck der menschlichen Natur. Um mit der wachsenden Produktivität Stand halten zu können, wurde Erziehung das effektivste Mittel. Im Laufe der Zeit wurden diese

Wertveränderungen immer stärker verinnerlicht. Kennzeichnend für die Veränderungen der Persönlichkeitsstruktur war nach Elias der Wandel vom "Zwang zum Selbstzwang" hin zum "Zwang zur Langsicht".

Später bildeten Schule und Familie erziehende Instanzen zum Ausüben von Kontrolle und Normierung. Frauen und Kinder wurden per Gesetz der väterlichen Befehlsgewalt unterstellt. So entstand ein System mit großem Einfluss auf die Mitglieder innerhalb der Gesellschaft, und trug damit zu einem enormen Anstieg der Produktivität bei.

Darüber hinaus erforderte die schnell fortschreitende Industrialisierung andere Fähigkeiten. Arbeitsabläufe wurden immer spezialisierter und komplexer. Mehr Kenntnisse und größeres Wissen wurden notwendig. Fachkräfte gewannen an Bedeutung und waren nicht mehr so einfach austauschbar. Sozialversicherungssysteme entstanden nicht etwa aus humanistischen Gründen, sie dienten dazu, Facharbeitskräfte einem Unternehmen möglichst lange zu erhalten und sie langfristig ans Unternehmen zu binden.

Von Arbeitsfähigkeit zu Lernfähigkeit

Immer komplexer werdende Arbeitsprozesse und daraus resultierende Anforderungen an Verwaltung und Handel erforderten verstärkt intellektuelle Fähigkeiten. Dadurch wurden sogenannte Kulturtechniken wie Lesen, Schreiben und Rechnen sowie naturwissenschaftliche Kenntnisse immer wichtiger. Lernfähigkeit entwickelte sich zu einer notwendigen Schlüsselkompetenz.

Es hat sich viel getan in den letzten 500 Jahren. Und es wird sich auch weiterhin viel tun. Die wirtschaftliche und gesellschaftliche Entwicklung Deutschlands ist seit Ende des 2. Weltkriegs auch durch viele Einflüsse von außen rasant vorangeschritten. Für Eltern entstehen deshalb Schwierigkeiten zu erkennen, auf was es genau bei Kindererziehung zum jetzigen Zeitpunkt ankommt. Normen, wie absolute Disziplin und Gehorsam sind nicht mehr gefragt. Individualisierung heißt das neue Lebensgefühl.

Neben einem hohen Anspruch an Lernfähigkeit und sozialen Kompetenzen kommt heute noch die Verarbeitung von Informationen als künftige Schlüsselkompetenz hinzu. Die Schwierigkeit liegt darin, Erziehungsaspekte zu fördern, die man sich aufgrund schneller Veränderungen gar nicht verinnerlichen kann. Daraus resultierende Schwierigkeiten und Unsicherheiten sind mehr als nachvollziehbar.

Von einer normorientierten zur wertorientierten Gesellschaft

Eine mögliche Lösung liegt im Wandel von einer normorientierten zu einer wertorientierten Erziehung. An Stelle von Normen treten vielmehr Werte in den Vordergrund. Dies setzt einen konsequent veränderten Erziehungsstil voraus. Normen lassen sich durch Zwang, Druck und Kontrolle durchsetzen. Werte dagegen in erster Linie durch Einsicht. Um diese zu erreichen, ist ein größerer Erziehungsaufwand erforderlich. Heutige Erziehung ist häufig von einem Hin und Her zwischen Forderungen nach strikter Disziplin und Grenzenlosigkeit geprägt, die keine klare Richtung erkennen lässt. Eine weitere Schwierigkeit ergibt sich daraus, dass Werte wesentlich schwieriger zu definieren sind, als klar vorgegebene Regeln und Normen.

Diese kurze geschichtliche Betrachtung macht deutlich, welchen Einfluss wirtschaftliches Handeln auf gesellschaftliche und familiäre Strukturen hat. Waren Anpassung und Disziplin über lange Zeit vorherrschend, steht heute Individualität im Vordergrund. Wie lässt sich diese mit der Gesellschaft in Einklang bringen? Scheinbare Widersprüche sind miteinander zu vereinbaren.

Traditionelle familiäre Beziehungen sind am Aussterben, da die existentiell notwendige Arbeitsteilung in modernen Gesellschaften ausgedient hat. An seine Stelle ist das Prinzip der Freiwilligkeit getreten. Es beinhaltet per Definition immer die Möglichkeit, einen anderen Weg zu wählen. Dies kann zur Qual der Wahl führen und dazu, Entscheidungen länger hinauszuschieben. Für Familiengründungen kann das bedeuten, dass Paare ihren Kinderwunsch auf einen späteren Zeitpunkt verschieben. Die biologische Folge ist häufig ungewollte Kinderlosigkeit, aufgrund erschwerter Fertilität.

Die bisherige Entwicklung zu einer normorientierten Gesellschaft ist heute nicht länger aufrechtzuerhalten. Eine Lösung könnte eine Rückbesinnung auf grundlegende menschliche Werte sein. Dazu ist es unerlässlich, die Bedeutung von Wahrnehmung stärker in den Blickpunkt zu richten. Dies gilt sowohl für die eigene als auch die Wahrnehmung anderer Menschen. Respekt und Achtung allem Leben zu erweisen, nicht nur gegenüber wechselnden Autoritätspersonen.

Aus psychologischer Sicht zählt im Leben nur eines: Jeder Mensch möchte geliebt werden, so wie er ist.

Von Bildung zu elterlichen Pflichten

Ein weiterer Anspruch an Eltern hat sich verselbständigt: Sie sind heute der Auffassung, für alles verantwortlich zu sein. Neben der Fürsorge und sozialen Entwicklung fühlen sie sich auch verantwortlich für die schulische Entwicklung sowie die Freizeitgestaltung ihrer Kinder.

Es ist unbestritten, dass ein Bildungsabschluss meist mit dem familiären Hintergrund verknüpft ist. Heute scheinen Eltern die Schulbank wiederholt drücken zu müssen, damit ihre Kinder den Lernstoff bewältigen können. Ohne elterliches Engagement und Einsatz, häufig gepaart mit Nachhilfe, geht nichts mehr. Aber dieser Weg ist problematisch. Normalerweise ist die Entwicklung der ersten Lebensjahre ausreichend, dass Kinder die notwendigen Kompetenzen erlangen, eine schulische Sozialisation zu durchlaufen. Natürlich brauchen sie hierzu auch die Unterstützung ihrer Eltern. Es kann aber nicht sein, dass es elterlicher Verantwortung obliegt, ob ein Kind den Schulstoff meistern kann. Eltern haben nicht die Aufgabe, Lehrer ihrer Kinder zu sein. Das kann nicht funktionieren, da dieser Beziehung die notwendige professionelle Distanz fehlt und zu viele Emotionen einfließen. Vielmehr sollten sie ihren Kindern begleitend und unterstützend zur Seite stehen.

Der schulische Bereich ist enorm stark mit Emotionen verknüpft, mit Erwartungshaltungen, Ängsten und Unsicherheit, sodass ein wertfreier Umgang zwischen Eltern und Kindern häufig schwer möglich ist. Wer erinnert sich nicht an die eigene Kindheit, wenn unsere Eltern glaubten, jetzt müsse man es doch endlich kapiert haben? So manche Ohrfeige hat es dafür gehagelt.

Prinzipiell ist es Aufgabe von Schule, notwendigen Lehrstoff den Kindern zugänglich zu machen. Vorausgesetzt, sie besuchen die für sie geeignete Schulform. Diese Aufgabe kann nicht von pädagogisch unqualifizierten Eltern übernommen werden. Ihre Aufgabe ist es vielmehr, einen Rahmen zu schaffen, der es dem Kind ermöglicht, seinen Aufgaben nachzukommen. Das beinhaltet auch eine den Fähigkeiten und Leistungen des Kindes angemessene Auswahl der Schulform. Erst dadurch wird dem Kind ermöglicht, nötige Anforderungen weitgehend selbständig zu bewältigen.

Es handelt sich hierbei um völlig unterschiedliche Aufgabenbereiche.

Wenn Eltern fälschlicherweise annehmen, dass sie die Verantwortung der Lernvermittlung übernehmen müssen, kontrollieren sie verstärkt die Lern- und Arbeitsweise. Die Auswirkungen auf das Verhältnis zwischen Eltern und Kindern sind eher negativ und führen nicht selten schon in frühen Jahren zu Schulfrust.

Viele Eltern glauben heute, dass sie unverstandenen Lehrstoff komplett aufarbeiten müssten. Eigentlich wäre es Aufgabe der Kinder, Lehrern mitzuteilen, dass der Stoff nicht verstanden wurde und noch mal erklärt werden soll.

Im Falle von Defiziten sollten sich Eltern und Kinder gemeinsam überlegen, auf welche Weise Lücken geschlossen werden können. Mit Hilfe z.B. von ergänzender Lektüre, gemeinsamem Lernen mit Klassenkameraden, gegebenenfalls auch mit temporärer Nachhilfe. Wie der Name schon sagt, handelt es sich um „nach Hilfe“, nicht um dauerhafte Begleithilfe. Die wenigsten Menschen haben die gleichen Stärken in allen Fachbereichen, so dass eine Schwäche in einem Bereich durchaus auch immer wieder begleitet werden kann. Braucht ein Kind in vielen Fächern

Nachhilfe, sollte überlegt werden, ob das Problem nicht auf einer ganz anderen Ebene liegt. Ob das Kind nicht eigentlich eine generelle „Lernhilfe" benötigt, da es Schwierigkeiten hat, sich auf Anforderungen einzulassen. Oder auch weil es die falsche Schule bzw. Schulform besucht.

Auf welchem Weg eine Lösung gefunden werden kann, verschiedene Möglichkeiten in Betrachtung zu ziehen und sich dann auch dafür einzusetzen, das ist eine Kernaufgabe elterlicher Erziehung. Nicht die Vermittlung von Inhalten.

Darüber hinaus fühlen sich Eltern verstärkt für Freizeitgestaltung und Aktivitäten von Kindern verantwortlich. Kinder haben heute kaum noch Freiräume, in denen sie sich ohne elterliche Kontrolle entwickeln können. Sich einfach mal danebenbenehmen können, Quatsch machen und ausprobieren, welche Folgen daraus entstehen. Die Erfahrung möglicher Konsequenzen auf ihr Handeln wird häufig durch elterliche Bewertung verhindert. Auch in diesem Bereich wird viel Ehrgeiz investiert und eigene Bewertungsmaßstäbe angesetzt, die positive Lerneffekte beeinträchtigen. Diese Problematik nimmt dem Umgang mit Kindern bedauerlicherweise eine gewisse Unbeschwertheit. Kinder sollen aber keine Belastung sein, sondern eine Bereicherung des Lebens.

Eltern müssen nicht alles tun, damit es ihren Kindern scheinbar besser geht. Weniger wäre oft mehr!

3.

Der Spagat zwischen Individualität und Anpassungsfähigkeit

Die Anforderungen an den Arbeitsmarkt haben sich stark verändert, wie aus dem vorangegangenen Kapitel deutlich geworden ist. Parallel dazu verändern sich die Anforderungen an Erziehung. Kirche spielt als moralische Instanz in westlichen Ländern zunehmend eine untergeordnete Rolle. Damit reduziert sich Erziehung auf Staat und Familie.

Im Unterschied zu früher steht weniger die Vermittlung von Normen im Vordergrund, sondern vielmehr individuelle Fähigkeiten.

Arbeitskräfte sollen von Haus aus über Merkmale verfügen wie: Flexibilität, Lernbereitschaft, Entscheidungsfähigkeit, Belastbarkeit, Veränderungsbereitschaft sowie Teamfähigkeit.

Der Wandel zur Dienstleistungs- und Informationsgesellschaft erfordert neben einem breitgefächerten Wissen vor allem soziale Kompetenzen. Gleichzeitig nehmen Arbeitsplätze, die körperliche Kraft und Stärke benötigen, aufgrund von Technisierung und Rationalisierung ab. Die Folge davon ermöglicht Frauen einen Eintritt in Berufsfelder, die ihnen bis dahin verwehrt waren. Lernkompetenzen sind eine Domäne von Frauen, die sie sich in den vergangenen Jahren aufgrund der Bildungsoffensive erobert haben.

Auch in Bereichen wie Flexibilität, Teamfähigkeit sowie Belastbarkeit und Veränderungsbereitschaft schneiden sie gut ab. Demzufolge ist der Anteil von Frauen in qualifizierten Berufen angestiegen. In New York ist bereits eine Trendwende eingetreten. Erstmals liegt das Gehalt junger Frauen deutlich über dem gleichaltriger Männer. Auch in Deutschland ist diese neue Entwicklung erkennbar: Mädchen überholen Jungen mit einem höheren Bildungsabschluss und schneiden im Notendurchschnitt besser ab. Bei Jungen ist der Anteil an Schulabbrüchen gestiegen. Zwei von drei

Schulabgängern ohne Abschluss sind Jungen. Die Misere besteht darin, dass es immer weniger Arbeitsplätze für Ungelernte gibt und die industriegesellschaftstypischen Domänen der Männer an Bedeutung verlieren. Den Jungen fehlt ein neues männliches Leitbild. Und auch in diesem Bereich fehlt es Kindergärten und Schulen an neuen Konzepten, auf die gesellschaftlichen Veränderungen einzugehen.

Besondere Schwierigkeiten werden vor allem diejenigen haben, die aufgrund von Defiziten und Störungen den normalen Bildungsweg nicht beschreiten können. Die Angebote minder qualifizierter Arbeitsplätze sinken und erschweren ein finanziell unabhängiges und autonomes Leben. Die Tatsache ist erschreckend, dass offiziellen Angaben zufolge in Deutschland 4 Millionen Menschen Analphabeten sind. Und das bei einer allgemeinen Schulpflicht von 10 Jahren! Das heutige Leben ist ohne die Fähigkeit, lesen zu können, überhaupt nicht mehr vorstellbar. Sei es im Berufsleben oder nur, um für jeden Teilbereich des Lebens unumgängliche Bedienungsanleitungen verstehen zu können.

Der heutzutage partnerschaftliche Erziehungsstil ist ein Spagat zwischen Individualität und der Fähigkeit zu Anpassung. Da gesellschaftliche

Normen eine untergeordnete Rolle spielen, müssen Grenzen immer wieder aufs Neue überprüft und ausgehandelt werden. Diese Schwierigkeit spiegelt sich in der heutigen Erziehungsproblematik wider.

Einerseits erfordern moderne Arbeitsbedingungen Individualität. Andererseits führt sie zu einem erschwerten gesellschaftlichen Umgang miteinander. Über die Notwendigkeit und Anleitung, Grenzen zu setzen, gibt es schon längere Zeit populäre Publikationen. Die sich daraus ergebende Frage lautet: Warum fällt es Eltern zunehmend schwer, Grenzen tatsächlich zu setzen? Woher rührt diese Unsicherheit?

Zusammenleben in Gesellschaften erfordert ganz klar die Fähigkeit, sich unterschiedlichen Situationen und Anforderungen anpassen zu können. Die Kunst liegt darin, in der Anpassung die Individualität wahren zu können. Die Existenz von Grenzen ist nicht gleichbedeutend mit starrer Hierarchie und Unterwerfung. Naturgemäß dienen sie der Existenzsicherung. Wer körperliche Grenzen nicht erkennt, dem droht Gefahr. Bedingt durch das Lebensumfeld sind Grenzen für naturnah lebende Gesellschaften ohne hohen Interpretationsbedarf nachvollziehbar. In Großstädten wird ein kleines Kind wahrscheinlich auch nicht ohne Aufsicht zum Spielen auf die nahegelegene Hauptstraße gelassen. Oder zum Klettern an steilen Treppen oder Abhängen angeregt. Situationen, über die gar nicht nachgedacht werden muss.

Grenzen und Anpassung verlaufen außerhalb bedrohlicher Situationen in modernen Gesellschaften wesentlich abstrakter. Somit ist eine Vermittlung schwieriger und andere Maßstäbe notwendig. Auch wird ihre Durchsetzung dadurch erschwert, dass Kinder ihren Widerstand viel deutlicher zum Ausdruck bringen als früher. Heutige Erziehung basiert nicht mehr auf absolutem Gehorsam. Elterliche Autorität wird massiv in Frage gestellt und von Kindern eine Begründung für ihr Handeln gefordert. Manche Dinge lassen sich aber nur schwer begründen.

Die Vermittlung von Grenzen in gefährlichen Situationen fällt Eltern auch ohne Erklärungen nicht schwer. In diesem Moment handeln sie authentisch. Das bedeutet, sprachliche Aussage stimmt mit Mimik und Gestik überein, ist also kongruent. Solche Botschaften kommen beim Empfänger an und sind unmissverständlich. Werden Grenzen halbherzig gesetzt, laden sie förmlich zu Widerspruch ein. Deshalb ist die Akzeptanz von Grenzen eher abhängig vom Sender als vom Empfänger.

Die Fähigkeit Rücksicht zu nehmen, sich also situationsbedingt anzupassen, steht nicht zwingend im Widerspruch zu individuellem Erleben. Kinder, und durchaus manche Erwachsene, können in öffentlichen Verkehrsmitteln, Hotels und Restaurants Rücksicht auf andere Anwesende nehmen, ohne einen bleibenden seelischen Schaden davonzutragen. Sie müssen in diesem Umfeld nicht laut rumschreien, toben und über Tische und Stühle klettern. Kindern kann durchaus vorgelebt und erklärt werden, dass an bestimmten Orten leiser gesprochen wird. Sie müssen daran bestimmt das ein oder andere Mal erinnert werden, das macht aber nichts. Denn auch Erwachsene müssen sich ja selbst manchmal daran erinnern. Diese Form angepassten Verhaltens kann durchaus erwartet werden, ohne dass Kinder in ihrer persönlichen Entwicklung eingeschränkt werden. Das Gegenteil ist der Fall. Lernen Kinder in gesellschaftlichem Rahmen nur unzureichend sich anzupassen, fehlt ihnen eine gewisse „Disziplin". Dies wirkt sich auf die Fähigkeit zu Selbstdisziplin aus.

Selbstdisziplin hat Auswirkungen auf die Fähigkeit zur Konzentration, d.h. „gezielte Lenkung auf etwas hin". Und ist damit eine unentbehrliche Voraussetzung, sich auf etwas einlassen zu können. Nicht nur oberflächlich, sondern tiefer gehend. Das ist gleichermaßen notwendig sowohl für Lernprozesse, als auch soziale Beziehungen.

Der auf Anpassungsfähigkeit ausgerichtete Erziehungsstil der Vergangenheit sowie autoritäre Strukturen, sind stark auf ein „Sollen" ausgerichtet. Pädagogische Veränderungen haben eine Lücke hinterlassen, die sinnvoll durch „Wollen" zu füllen ist. Natürlich können nicht alle unangenehmen Aufgaben vermieden werden. Finden sie jedoch im Rahmen einer selbstgewollten Entscheidung statt, lassen sie sich leichter erfüllen. Hierzu ist ein gesundes Maß an Frustrationstoleranz erforderlich. Beispiele dazu werden in Kapitel 8 näher erläutert.

Dies gilt auch für die Dinge, die jeder von uns macht, obwohl sie objektiv betrachtet nicht gut sind. Wenn sie schon gemacht werden, dann wenigstens mit Genuss. Nichts ist schlimmer, als wissentlich über die Stränge zu schlagen und dabei ein schlechtes Gewissen zu haben. Dadurch schädigt man sich zweifach. Das schlechte Gewissen, das vom Sollen kommt, erzeugt zusätzlichen Stress. Jede Form von notwendiger oder erwünschter Verhaltensänderung hat eine andere Dimension, wenn sie vom Wollen bestimmt ist: *„Ich will eine Angewohnheit ändern, damit ich mich besser fühle."*

Diese Betrachtung setzt ungeahnte Energien frei. Bestimmt jedoch das Sollen eine Veränderung, sind negative Energien der Motor zum Handeln und erschweren den Erfolg: *„Ich muss eine Angewohnheit ändern, damit ich mich nicht so schlecht fühle".*

Nichts lähmt mehr, als nichts zu wollen und alles zu sollen. Es ist wie ein schwarzes Loch, das alles verschlingt. Deshalb kann Disziplin als Ausdruck eigener Kraft einen wichtigen Platz in Erziehung und Gesellschaft einnehmen.

Es wäre sinnvoll, Erziehung an Grundwerte wie Respekt und Akzeptanz zu knüpfen. Wie möchte man selber gerne behandelt werden? Soll der eigenen Persönlichkeit mit Respekt begegnet werden oder der Respektperson, weil man Vater, Mutter, Vorgesetzter oder Lehrer ist?

Bis zum Ende des 2. Weltkriegs war Anpassung an gesellschaftliche Normen erklärtes Erziehungsziel. Kinder mussten sich an strenge Vorgaben halten, deren Einhaltung autoritär durchgesetzt wurde. Eltern hatten so gut wie keine Wahl, sich den Erziehungsmaßstäben zu widersetzen. Teilweise war diese Situation für Eltern wesentlich einfacher, da sie ihre Erziehungswerte nicht ständig überdenken mussten.

Kinder sind heute nicht schwieriger geworden. Sie sind einfach nur anders. Die Abkehr von Unterdrückung und Gehorsam bei fehlender neuer Sinngebung führt zu einem Anstieg aggressiver Verhaltensweisen.

Hinter aggressivem Verhalten verbirgt sich häufig Verunsicherung und Hilflosigkeit. Nur wenn die Mechanismen sichtbar werden, besteht eine Möglichkeit zu Veränderungen. Und zwar dahingehend, Aggression von blindem Aktionismus zu befreien. Hierzu sind auslösende Emotionen erkennbar und erlebbar zu machen.

Dieser Weg kann nur über individuelles Erleben verlaufen und nicht über Anpassung und Unterdrückung. Hierin liegt die Chance moderner Gesellschaften, eine bisher fehlende Lücke sinnvoll zu füllen. Eine Gesellschaftsform, die nicht nur auf das Recht des Stärkeren aufbaut, sondern auf Wertschätzung und Respekt.

4.

Familie im Wandel, ein Auslaufmodell?

Die Institution Familie bildet den Grundstock einer Gesellschaft. Sie ist Abbild wirtschaftlicher Entwicklung und daraus resultierender Anforderungen. Rasante Veränderungen der letzten 60 Jahre werfen die Frage auf, ob Familie in ihrer bisherigen Form einen Fortbestand hat oder sich zu einem Auslaufmodell entwickelt.

Früher hatten Ehepaare so gut wie keine Wahl, sich bei Konflikten zu trennen. Die Prinzipien des Patriarchats bestimmten weitgehend das familiäre Zusammenleben. Erst 1957 wurde das "Gesetz über die Gleichberechtigung von Mann und Frau" verabschiedet, das allerdings noch erhebliche Einschränkungen über die Selbstbestimmung von Frauen aufwies und klar auf das Leitbild der Hausfrauenehe abzielte. Im Jahr 1976 wurde durch die sozial-liberale Koalition das "Gesetz zur Reform des Ehe- und Familienrechts" eingeführt.

Gleichzeitig erfolgte eine radikale Liberalisierung des Scheidungsrechts, das die Ehe nicht mehr als eine lebenszeitliche Versorgungsgemeinschaft, sondern als befristetes Verhältnis betrachtete.

Vor diesem gesetzlichen Hintergrund stieg die Scheidungsrate kontinuierlich an. Die Frage lautet, welchen Zweck erfüllt überhaupt eine Eheschließung? Der bisher bestehende Schutz der Ehe dient vor allem dem Staat, die Versorgung seiner Bürger weitgehend von sich zu weisen, indem Versorgungsansprüche von Ehepartnern und Kindern gesetzlich geregelt und in erster Linie vom Ehemann zu leisten sind.

Ein wesentlicher Konfliktpunkt in Partnerschaften beruht auf kollidierenden Interessen zwischen Mann und Frau, die aus einem tradierten Familienbild heraus entstehen, das so heute nicht mehr haltbar ist. Spätestens nach der Geburt eines Kindes entsteht bei vielen Männern der Wunsch nach dem traditionellen Modell der "Hausfrauenehe", da ja in der Regel Frauen die Betreuung der Kinder übernehmen und damit einhergehende häusliche Tätigkeiten. Ganz schnell rutschen Männer aus ihrer vorher arbeitsteiligen und emanzipierten Lebensweise in die Rolle des Pantoffelhelden, der abends nach einem anstrengenden Arbeitstag nur noch die Füße hochlegen will.

Frauen, die bis zu diesem Zeitpunkt ein unabhängiges Leben geführt haben, sind plötzlich aus ihrem sozialen, materiellen und beruflichem Umfeld herausgerissen und fühlen sich an ihr Heim gekettet. Sie leben isoliert in ihren Kleinfamilien, da sich früher bestehende Familienverbände aufgelöst haben. Selbst wenn ein Paar bis dahin gleichberechtigt und arbeitsteilig gelebt hat, ändert sich diese Situation schlagartig durch die Geburt eines Kindes. Dies wird durch die hohe Scheidungsrate in den ersten 3 Jahren nach einer Geburt deutlich.

Neueren Untersuchungen zufolge ist die Bereitschaft gesunken, ein zweites, oder weitere Kinder zu gebären. Dies liegt auch darin begründet, dass Frauen befürchten, durch weitere Kinder noch länger oder insgesamt stärker von ihrem Partner abhängig zu werden. Die Berufstätigkeit von Frauen mit mehr als einem Kind sinkt Statistiken zufolge rapide. Von einschneidender Bedeutung für Paare ist vorrangig die Entscheidung, überhaupt ein Kind zu bekommen. Denn hierdurch verändert sich das gemeinsame Leben signifikant. Die Anzahl der Kinder spielt dabei eher eine untergeordnete Rolle. Diese Entwicklung ist alarmierend und bedauerlich. Denn Paare, die sich aufgrund möglicher Schwierigkeiten gegen Kinder entscheiden, verzichten auf wesentliche Lebenserfahrungen.

Die Zeit ist reif für ein völlig anderes und neues Familienverständnis. Denn die vorangegangene Entwicklung hat gezeigt, dass wir eine aussterbende Nation sind. Und das in einer Zeit pluralistischer Lebensformen, mit einer bisher noch nie existierenden Vielfalt an Möglichkeiten zur Lebensgestaltung. Neben der gesellschaftlichen und sozialstaatlichen Tragweite, mit allen öffentlich diskutierten Auswirkungen, wie der Auflösung des Generationenvertrags, beinhaltet diese Situation auch eine menschliche Tragweite. Denn Familiengründung bereichert das Leben und bietet eine Fülle emotionaler Erlebnisse, die so tiefgehend sind, dass sie durch materielle Güter nicht wirklich ersetzbar sind.

Verabschieden wir uns von der Vorstellung des sonntäglichen Bratens mittags um Zwölf. Es gilt ein verändertes Rollenverständnis von Mann und Frau zu entwickeln, das einen neuen gesellschaftlichen Rahmen entstehen lässt, der Raum und Lust auf Kinder schafft. Und in dem Platz ist, für die ganz "normalen" Konflikte des Alltags. Hierzu bedarf es einer Aufwertung der geschlechtsspezifischen Aufgabenbereiche und veränderter Arbeitsteilung.

Geschlechtsspezifische Aufgabenbereiche

In früheren Zeiten ergab sich die Arbeitsteilung zwischen Mann und Frau aus biologischen Unterschieden. Die Aufgabenerfüllung war für alle Beteiligten lebensnotwendig und von daher gesehen gleichberechtigt. In der Neuzeit hat es mehrere Jahrhunderte gedauert, Frauen per Gesetz gleichzustellen. Dabei scheint aber ein wesentlicher Aspekt in Vergessenheit geraten zu sein: Polarität. Beide Geschlechter wurden zwar gesetzlich gleichgestellt, Frauen haben sich jedoch die Rechte und Möglichkeiten von Männern erkämpft. Das bedeutet, dass Frauen sich männliche Eigenschaften zunutze machen mussten, um als gleichberechtigt angesehen zu werden.

Eine Mutter, die sich den ganzen Tag "nur" um ihre Kinder und den damit verbundenen Haushalt kümmert, empfindet sich selbst manchmal als minderwertig. Und wenn dann abends der Mann nach Hause kommt und fragt, was sie denn den ganzen Tag gemacht hätte und wie es denn zu Hause überhaupt aussehen würde und warum das Essen noch nicht auf dem Tisch sei, schließlich hätte er den ganzen Tag gearbeitet, fühlt sie sich in ihrer Tätigkeit nicht anerkannt. Dass sie den ganzen Tag am Organisieren, Konflikte schlichten, Hausaufgaben betreuen, Essen machen,

Kinder transportieren und Haushalt versorgen ist, kann der Mann nicht sehen. Der kommt ausgerechnet dann mal früher nach Hause, wenn die Freundin mit Kind zu Besuch ist und gerade bei schönem Wetter Kaffee getrunken wird und zufällig die Kinder gerade friedlich und einträchtig spielen, und sagt: "So gut möchte ich es auch mal haben". So viel zum Thema Anerkennung. Dass Kindererziehung eine häufig nervenaufreibende, anspruchs- und verantwortungsvolle Aufgabe ist, wird dabei übersehen.

Der heutige Erziehungsprozess hat sich von der bestmöglichen Aufzucht von Nachwuchs zu einem partnerschaftlichen Verhältnis gewandelt, in dem das Kind kein Befehlssubjekt mehr ist, sondern eine Persönlichkeit, deren Entwicklung es zu fördern gilt.

Bei „Familie" handelt es sich wie bei keinem anderen sozialen System um einen Ort, der massiv durch Ambivalenz gekennzeichnet ist. Nirgendwo sonst wird so viel gelogen, betrogen und vertuscht, wie in Familien. Worin also liegt ihr Reiz?

Im Laufe der Evolution hat sie sich als tragfähigstes System erwiesen. Wissenschaftler unterschiedlicher Disziplinen haben sich sinngemäß mit folgenden Fragestellungen beschäftigt:

Wie verhalten sich Menschen in unterschiedlichen sozialen Systemen zueinander, was verbindet und was trennt sie. Welches System bietet die größten Überlebenschancen, besonders in schwierigen Lebensumständen?
Schirrmacher verweist auf Forschungsergebnisse, die ergaben, dass in existentiell bedrohlichen Situationen Familien die größtmöglichen Überlebenschancen haben. Aber auch in weniger bedrohlichen Lebenslagen ist Familie das letzte Refugium, das seine Mitglieder aufnimmt, wenn kein anderer es mehr tut. Wissenschaftler sind jedoch uneinig, ob dieser Schutzmechanismus reiner Selbstlosigkeit entspringt, oder eher egoistischen Motiven, denn schließlich geht es biologisch betrachtet um Schutz und Erhalt des Erbguts.

Es sei dahingestellt, ob nun Arterhaltung im Vordergrund steht oder freiwillige Selbstaufopferung. Tatsache ist: Familie ist ein Auffangbecken in Lebenslagen, wenn alle anderen Räder längst stillstehen.

Demgegenüber ist unser Leben heute von ökonomischen Fragestellungen geprägt: wie viel Aufwand sichert mir welchen Ertrag? Wird Familiengründung unter diesem Gesichtspunkt betrachtet, kann sie nur als Verlierer hervorgehen. Wirtschaftlich gesehen ist Familiengründung nur für die Mitglieder einer Gesellschaft rentabel, die selber keine Kinder haben. Denn rein materiell gesehen sind die Vorteile von Kinderlosigkeit für Singles und Paare wesentlich größer. Das Verarmungsrisiko steigt deutlich in Haushalten mit Kindern, insbesondere in Haushalten Alleinerziehender. Es ist erstaunlich, wie stark sich die betriebswirtschaftliche Kosten-Nutzen Denkweise in den Köpfen der Gesellschaft festgesetzt hat. Wie aber lassen sich soziale Werte berechnen?

Im Gegensatz zu früheren Zeiten bedeutet heute Kinderreichtum ein erhöhtes Risiko zu verarmen. Wobei der Begriff Verarmung in Industrieländern anders definiert werden muss als Armut in Entwicklungsländern. Dort handelt es sich um existentielle Bedrohungen und somit entscheidend über Leben und Tod. In westlichen Ländern bedeutet Armut einen Ausschluss vom Wohlstand. Die wirtschaftliche Maxime, nicht in eine schlechtere Position geraten zu wollen, hat sich in vielen Köpfen festgesetzt und wird über wirtschaftliches Handeln hinaus als Leitsatz für persönliches Handeln und in Folge für soziales Leben umgesetzt. Daraus ergeben sich enorme Konsequenzen für zwischenmenschliche Beziehungen. Freundschaften, Partnerschaften und Familiengründungen werden häufig nach diesem Prinzip abgewogen und für zu teuer befunden.

Nirgendwo ist rechnerisch erfasst, welchen Wert Lachen und Weinen haben. Eine Familie, zu der man jederzeit zurückkehren kann, um Schutz, Trost und Geborgenheit zu finden. Selbst die negativen Erfahrungen innerhalb der Familie haben ihre gute Seite. Sie sind ein Übungsplatz für das „richtige" Leben, das außerhalb von Familien stattfindet. Die Geburtenstarken Jahrgänge besitzen in der Regel noch Onkel, Tanten, Cousins und Cousinen. Aber wie sieht dieses Bild in Zukunft aus? Einzelkinder bekommen Einzelkinder, haben also weder Tanten noch Onkel, Cousins oder Cousinen. Dafür besteht die Großelterngeneration häufig aus verschiedenen Stiefgroßeltern. Wenn sich Familiensysteme weiterhin auflösen, steht uns eine Gesellschaft sozialer Kälte bevor. Wirtschaftlich betrachtet entsteht jedoch durch diese Entwicklung ein enormer Bedarf an sozialen Dienstleistungen.

Die ökonomisierte Lebensweise wird noch von einem weiteren Entwicklungsschritt geprägt. Erstmals in der Geschichte sind Frauen beruflich auf der Überholspur. Seit der Bildungsoffensive der 70er Jahre drängen sie in alle Bereiche des Arbeitsmarkts. Durch den sinkenden Anteil männertypischer Berufe steigen ihre Chancen zur beruflichen Selbstentfaltung. Bislang sind Frauen durch eine hohe Einkommensdifferenz indirekt gezwungen worden, nach der Geburt eines Kindes zu Hause zu bleiben. Höhere Qualifikationen wirken sich aufs Einkommen aus, so dass zukünftig die Frage der Kinderbetreuung nicht mehr eindeutig beantwortet werden kann. Modernes Leben wird unabhängiger von klassischen männlichen Tugenden, wie körperlicher Kraft und Stärke. Die notwendigen Anforderungen sind hohe Lernfähigkeit und soziale Kompetenzen, wie Empathie, Flexibilität, Teamfähigkeit und Belastbarkeit. Gerade das sind Domänen von Frauen. Nur, wer soll dann noch die Kinder kriegen? Bleiben Systeme und Strukturen weiterhin unverändert, wird das drastische Konsequenzen auf Familiengründungen haben.

Heutiges Leben ist von einem Paradoxon geprägt. Durch eine lang andauernde Phase der Sicherheit, Entwicklung der sozialen Sicherungssysteme sowie medizinische Fortschritte sind enorme Vermögenswerte gewachsen.

Der Anstieg körperlicher und materieller Sicherheit scheint dazu zu führen, innere Werte und Lebensvorstellungen dem Leistungsprinzip anzupassen. Viel wichtiger wäre der Blick auf den sozialen „Gewinn" von Familie. Denn *„im Grunde sind es immer die Verbindungen mit Menschen, die dem Leben seinen Wert geben"* (Wilhelm v. Humboldt).

Wie können Männer und Frauen ihre jeweiligen Stärken besser in Familien einbringen?

Von politischer Seite gibt es immer wieder Ansätze, weibliche Selbstbestimmung zu fördern. Hierzu zählen unter anderem Erhöhung des Kindergeldes sowie garantierte Plätze in Kindertageseinrichtungen. Es fehlt jedoch ein grundlegendes Konzept zur Vereinbarkeit von Beruf und Familie. Wir bewegen uns im Bereich von Teillösungen. Hier und da wird ein bisschen rumgedoktert. Aber letztendlich wird viel auf dem Rücken von Frauen ausgetragen, die den ganzen Tag am Jonglieren sind. Das hat Auswirkungen auf das Wohlbefinden der Kinder und Partnerschaften. Einzelne Maßnahmen werden an der bestehenden Situation grundsätzlich auch nichts verändern. Wahrscheinlich werden die Bereitschaft zur Doppelbelastung immer weniger Frauen auf sich nehmen wollen.

Wenn Frauen sich dafür entscheiden, Berufstätigkeit zugunsten der Betreuung ihrer Kinder aufzugeben, dann soll dies auch weiterhin möglich sein und voll unterstützt werden. Es muss vor allen Dingen besser honoriert werden. Es kann nicht bedeuten, dass sie per se für alles und jeden verantwortlich sind. Wie wäre es mit Gründung einer Hausfrauengewerkschaft, die sich für ihre

Rechte einsetzt, wie zustehende Urlaubstage, Fortbildungen sowie Regelungen im Krankheitsfall und vor allen Dingen einer klaren Arbeitszeitregelung. Um wie viel Uhr endet eigentlich die Arbeitszeit einer Hausfrau? Haben sie überhaupt so etwas wie einen Freizeitausgleich? Welchen finanziellen Anspruch haben sie für ihre Tätigkeit? Welche familiäre Verantwortung obliegt dem Partner? Auch Hausfrauen haben einen Anspruch auf Kinderbetreuung. Denn Familien sind nur noch selten in ein großes soziales Gefüge eingebettet, so dass Frauen auf Unterstützung von außen angewiesen sind, um einer drohenden sozialen Isolation zu entgehen.

Weiterhin besteht auch ein Verbesserungsbedarf der Kinderbetreuung für berufstätige Mütter. Ein herkömmlicher Kindergartenplatz mit einer Betreuungszeit von 08.00 bis 12.00 Uhr deckt ja noch nicht mal eine halbtägige Beschäftigung ab. Denn technisch ist es momentan leider noch nicht möglich, sich an seinen Arbeitsplatz zu beamen. Kinder müssen in aller Hetze abgegeben werden und genauso hektisch wieder abgeholt, und immer sitzt im Hintergrund die Angst, dass es auf dem Weg auch ja keine Verzögerung gibt. Und hoffentlich geht morgens auch alles gut zu Hause. Keine bockenden Kinder beim Anziehen, keine ausgeklügelten Verzögerungstechniken, hoffentlich ist keiner krank, ... ja so entspannt sollte jeder Arbeitstag beginnen.

Es ist völlig unsinnig, Kindergartenplätze kostenlos anzubieten. Babysitter oder Tagesmütter kosten schließlich auch Geld. Die Kosten für eine halbtägige Betreuung sollten weiterhin moderat bleiben, damit auch Familien mit geringem Einkommen sich den Nutzen leisten können. Darüber hinaus gehende Betreuungszeiten können ruhig teurer sein, denn sie werden ja im Austausch gegen Berufstätigkeit genutzt, erlauben somit ein höheres Einkommen. Das eingenommene Geld sollte vielmehr in die Qualität und Ausweitung des Angebots investiert werden. Es ist unvorstellbar, dass Räumlichkeiten in Kindergärten und Schulen, bzw. Schulbetreuungen nachmittags häufig gar nicht oder nur in geringem Maße genutzt werden. Vorhandene Infrastruktur ist gar nicht ausgelastet. Das gleiche betrifft die Schulferien, die ja immerhin 12 Wochen des Jahres betreffen. Warum werden bereits existierende Einrichtungen hier nicht viel stärker eingebunden? Flexibilität wird in Wirtschaft und Arbeitswelt massiv eingefordert. Auch Kindererziehung erfordert ständige Flexibilität. Die Kindererziehungsinstitutionen hingegen verharren starr in völlig veralteten Mustern. Wem ist schon wirklich geholfen, mit einer Kinderbetreuungszeit bis 12.00 Uhr? Weder der

Hausfrau, noch der berufstätigen Mutter. Hier müsste viel mehr auf unterschiedliche Bedürfnisse eingegangen werden. Wenn bestehende Einrichtungen besser ausgelastet wären, ließen sich finanzielle Belastungen reduzieren.

Darüber hinaus erfüllt die vorschulische Betreuung andere wichtige Aufgaben. Kinder wachsen heute nicht mehr „auf der Straße" auf. Der Begriff ist heute vielmehr negativ besetzt und wird in Verbindung mit sozial schwächeren Familien betrachtet. Die Erziehung der Kinder untereinander und auch das Erfahrungslernen treten dadurch stark in den Hintergrund. Kinder werden weitgehend von pädagogisch unqualifizierten Erwachsenen kontrolliert, die aus Sorge und Angst in notwendige Erfahrungen eingreifen. Kinder brauchen aber Lernen durch Erfahrung, das eben häufig auch mit negativen Erlebnissen verknüpft ist. Dieses Erfahrungsfeld ist in Kinderbetreuungseinrichtungen heutzutage meist stärker gegeben als in Familien. Auch aus diesem Grund wäre eine Ausweitung der Betreuungsmöglichkeiten sinnvoll.

Aber dadurch ist das Problem nicht abschließend gelöst. Denn wie sieht die Arbeitsteilung nach „Feierabend" aus? Findet dann eine partnerschaftliche Aufteilung statt? Wer macht Abendbrot, hinterher die Küche sauber, wer bringt die Kinder ins Bett und wer ist für die Einschlafgeschichte zuständig? Wer steht nachts auf, wenn ein Kind weint; wer erhebt sich sonntagmorgens um sechs? Männer können sich nicht ausschließlich auf den Arbeitstag berufen und zu Hause ihren privaten Feierabend einläuten.

Grundsätzlich kann vom Bestehen bisheriger Rollenverteilungen künftig nicht mehr ausgegangen werden. Baute das Konstrukt Familie bis in die 70er Jahre auf dem Modell der Hausfrauenehe auf, hat sich dieses heute durch eine höhere Frauenerwerbsbeteiligung verändert. Auch bedingt durch die wirtschaftliche Situation kann von einer sinkenden Beteiligung der Frauenerwerbstätigkeit nicht ausgegangen werden. Immer weniger Familien können ihre Lebenshaltungskosten aus einem Einkommen bestreiten. Das gleiche gilt auch für Rücklagen und Rentenanwartschaften, von denen ein großer Teil im Alter für medizinische Maßnahmen aufzuwenden sein wird. Bisher kann noch von einer breiten Versorgung ausgegangen werden, aber sobald es ein bisschen mehr sein soll, werden Beitragszahler ordentlich zur Kasse gebeten. Weitere Folgen ergeben sich aus Änderungen des Familienrechts. Frauen werden demnach zur Eigenvorsorge angehalten bezüglich Rentenansprüchen und Krankenversicherung. Im Falle von Scheidung stehen in erster Linie nicht

mehr ihnen, sondern den Kindern Unterhalts-
ansprüche zu. Die genannten Gründe erfordern
demnach eine höhere Frauenerwerbsbeteiligung.
Um den Generationsvertrag erfüllen zu können,
ist jedoch eine höhere Geburtenrate notwendig.
Wieder einmal scheint sich die Katze in den
Schwanz zu beißen.

Wie lassen sich anhand dieser Situation Er-
werbstätigkeit und Familie miteinander verbinden? Hierzu bedarf es von Seiten des Staates
schnellen Handelns. Kinderbetreuung ist bisher
vor allem ein Thema bis zum Eintritt in weiterführende Schulen. Also ab dem 10. Lebensjahr
sind Kinder mehr oder weniger auf sich selbst
gestellt. Unter Berücksichtigung von Familien-
strukturen und der gesellschaftlichen Situation
ist es unverständlich, dass Kinder ab diesem
Alter weitgehend unversorgt sind. Die Diskussionen um Ganztagsschulen dauern schon lange
an. Eine konzeptionell sinnvolle und akzeptable
Lösung liegt aber in weiter Ferne. Es wäre weiterhin sinnvoll, die Erledigung von Hausaufgaben in die Überlegungen einer ausgeweiteten
Betreuung mit einzubeziehen. Dadurch würde in
Familien viel Sprengstoff entschärft. Gleichzeitig würden sich bei Kindern bildungsferner Familien die Chancen auf dem Ausbildungs- und
Arbeitsmarkt erhöhen.

Welche partnerschaftlichen Veränderungen begünstigen Familien?

Frauen dürfen und sollen sich auf ihre Weiblichkeit zurückbesinnen. Zu ihren Stärken zählt neben zyklischer Handlungs- und Kommunikationsfähigkeit die Möglichkeit, Kinder zu bekommen. Leben zu schenken ist Ursprung und Besonderheit von Weiblichkeit. Daraus bedingen sich unterschiedliche Anforderungen der Lebensführung. Diese sind neu zu definieren. Mutter zu sein kann nicht gleichbedeutend bleiben mit Doppelbelastung. Frauen sollen „ihren Mann" stehen und gleichzeitig Verantwortung für alle vermeintlich weiblichen Aufgaben übernehmen. Wenn Männer berechtigterweise stehend pinkeln wollen, warum sollen dann Frauen das Klo putzen?

Gleichzeitig sollen auch Männer sich auf ihre Stärken besinnen. Neben körperlicher Kraft ist die lineare Handlungs- und Kommunikationsfähigkeit auch in Bezug auf Erziehung von großer Bedeutung. Mütter lassen sich von ihren Kindern häufig überreden und einwickeln. Männer sind klar und direkt. Ihr Handeln ist wesentlich konsequenter, und für Kinder, vor allem Jungen, hilfreich und wichtig. Männer kommen ohne große Umschweife einfach auf den Punkt.

Diese Fähigkeiten müssen viel stärker anerkannt werden und in Erziehung einfließen.

Längst übernehmen Männer innerhalb der Familie mehr Aufgaben als früher. Einerseits stellt sich generell die Frage der Aufgabenteilung. Andererseits geht es aber auch um eine unterschiedliche Wahrnehmung darüber, wie Aufgaben erledigt werden. Auch Männer putzen heute durchaus Toiletten. Ihr Anspruch an Sauberkeit weicht aber häufig von der weiblichen Sichtweise ab. Sind sie der Auffassung, die Wohnung ist pikobello geputzt, wird Frau feststellen, dass es zu Hause aussieht wie auf einem Schlachtfeld. Unterschiedliche Wahrnehmungen prallen aufeinander und führen häufig zu Konflikten.

Um Familie zu einem für alle Beteiligten befriedigenden Lebensraum zu machen, müssen Aufgaben stärker verteilt werden. Technischer Fortschritt hat zu enormen Vereinfachungen täglicher Lebensführung beigetragen, gleichzeitig aber auch zu deutlich mehr Anforderungen. Deshalb ist eine stärkere Aufgabenteilung, auch wenn Frauen den ganzen Tag „nur" zu Hause sind, unerlässlich. Denn Hausfrauen übernehmen Aufgaben, die im Falle von Berufstätigkeit gar nicht auftauchen würden. Wenn den ganzen Tag über niemand zu Hause ist, fällt auch keine zusätzliche

Hausarbeit an. Sind Kinder zu Hause, entstehen automatisch Verpflichtungen, wie Essen machen, d.h. einkaufen, zubereiten, wegräumen, wieder saubermachen, erneut Essen zubereiten, Hausaufgaben betreuen, Kinder irgendwo hinbringen, ehrenamtliche Tätigkeiten übernehmen, Kinder wieder abholen und so weiter ... Diesen Wust vielfältiger Aufgaben gilt es zu entzerren und auf beide Partner aufzuteilen.

Konflikte, die über eine unterschiedliche Wahrnehmung bezüglich der Erledigung von Aufgaben entstehen, lassen sich nicht so einfach klären. In diesem Fall könnte es behilflich sein, objektive Anhaltspunkte zu Grunde zu legen. Vielleicht in Form einer Checkliste, in der genau aufgeführt wird, welche Aufgaben wie zu erledigen sind. Diese Vorgaben über Qualitätsstandards sind aus der Arbeitswelt ja hinlänglich bekannt und werden geschlechtsunabhängig akzeptiert. Dadurch werden mühsame und meist sinnlose Diskussionen erspart. Wenn Paare eine akzeptable Arbeitsteilung gefunden haben, in die auch durchaus Kinder miteinbezogen werden können, erwächst einer Familie mehr Freiraum. Wenn heutige Lebensformen in der Regel aus Kleinfamilien bestehen, sollten alle Möglichkeiten genutzt werden, diese gemeinsam zu erleben und zu genießen. Erleben heißt, teilhaben an den schönen wie auch den weniger schönen Situationen und Konflikten. Männern entsteht dadurch Raum, intensiver am Entwicklungsprozess ihrer Kinder teilzuhaben. Und auch Frauen haben mehr Freiraum, unabhängig von Aufgaben und Verpflichtungen, ihre Kinder zu genießen.

Wie lässt sich Familie neu definieren?

Es wird Zeit, sich von der lange vorherrschenden Vorstellung vom Patriarchat zu verabschieden und Partnerschaft wieder ihrem eigentlichen Zweck, nämlich Aufgabenteilung, zuzuführen. Ergänzt um den Wunsch, Gemeinsamkeiten und Verpflichtungen mit einem selbstgewählten Partner zu teilen. Die Idee vom sogenannten Familienoberhaupt hat sich in Zeiten von Autonomie und Freiwilligkeit überholt.

Bei dieser Betrachtung ist auch die idealisierte, romantische Vorstellung von lebenslanger Gemeinsamkeit neu zu überdenken. Heutzutage ist im Prinzip jeder Mensch autark. Sowohl Männer als auch Frauen können unabhängig voneinander existieren, auch wenn Kinder vorhanden sind. Eine Verbindung besteht auf freiwilliger Basis und ist aus diesem Grund ebenso schnell lösbar.

Paare mit Kindern

Wichtig ist eine Aufteilung von Aufgaben, die sich aus Familiengründungen ergeben. Es muss geklärt werden, welcher Partner den Freiraum zur beruflichen Entfaltung erhält und wer im Gegenzug hauptsächlich für Kinderbetreuung zuständig ist. Denn häufig wird unterschätzt, dass berufliche Entfaltung nur möglich ist, wenn ein Partner, in der Regel die Frauen, Verantwortung für alle nebenher anfallenden Verpflichtungen übernimmt. Darüber hinaus ist die Arbeitsteilung aller anfallenden Tätigkeiten nach Feierabend zu klären. Welcher Elternteil hat wann und wie oft „Ausgang"? Wie werden Hausarbeiten verteilt? Wer mäht Rasen und repariert Fahrräder? Wenn sich beide Partner einig sind, und die jeweilige Rolle klar definiert, entfällt die Frage des „Familienoberhaupts". Keiner hat das Recht, über den anderen zu verfügen. Beide Tätigkeitsbereiche sind von ihrer Bedeutung her absolut gleichwertig. Hausfrauen sollten sich am besten mal „gewerkschaftlich organisieren". Na, das würde aber zu heftigen Tarifauseinandersetzungen führen!

Elternbeziehung

Denkbar ist auch ein Verständnis von Familie als Beziehung zwischen Erwachsenen, die sich bewusst verbinden mit dem Ziel, für gemeinsame Kinder zu sorgen. Am Anfang stehen Emotionen im Vordergrund, jedoch frei von idealisierten Vorstellungen über eine mögliche Dauer oder erzwungene Fortsetzung einer Paarbeziehung. Die Prinzipien sind Freiwilligkeit und Selbstbestimmung, gekoppelt an eine andauernde Erziehungsverantwortung und gelöst vom Zwang zu lebenslanger Liebe. Auch wenn Paare kein Liebesverhältnis mehr zueinander haben, können sie durchaus verantwortungsvolle Eltern sein. Das bedeutet, sich von Eifersucht und schlechtem Gewissen zu befreien.

Um dies zu erreichen, muss in den Köpfen ein Lösungsprozess von Idealbildern und künstlich erzeugten Vorstellungen stattfinden. Haben sich die Wolken erst einmal vom Himmel verzogen, entsteht Raum für neue Ideen und Lebensentwürfe. In deren Vordergrund steht die Entwicklung von Kindern, an der beide Eltern in gleichem Maß beteiligt sind, unabhängig von Lebensabschnitten. Wie eine Arbeitsteilung im Einzelnen aussehen kann, ist von der jeweiligen Situation abhängig. Wer arbeitet wie oft, und wer betreut hauptsächlich die Kinder, wie findet ein finanzieller Ausgleich statt?

Wird zusammen gewohnt, ähnlich einer Wohngemeinschaft, oder lieber getrennt? Wie häufig wird Freizeit gemeinsam verbracht?

Wichtigste Voraussetzung beim Elternsharing ist Organisation und Offenheit der Situation gegenüber. Quälende Gedanken wie: „wäre es nicht doch besser, wenn...“, „was passiert, wenn ein anderer Partner ins Spiel kommt?“ oder „könnten wir uns der Kinder wegen nicht mal zusammenreißen?“, verhindern eine befriedigende Lebenssituation. In dem Moment, in dem schlechtes Gewissen und Schuldzuweisungen aus der Paarbeziehung einfließen, ist eine Elternbeziehung nur schwer möglich. Haben beide Partner eine klare Entscheidung pro Kind getroffen, ist es weniger bedeutend, ob Lebensabschnittspartner den Weg kreuzen oder ein Elternteil mehr oder weniger Zeit hat. Für das Wohlergehen der Kinder sind der Zusammenhalt und die Verlässlichkeit beider Elternteile entscheidend. Dass beide da sind, bei Einschulung, Schulfesten, Kindergartenveranstaltungen, Wettkämpfen usw. Vor allen Dingen in Notfällen, bei auftauchenden Sorgen und Problemen sowie in allen wichtigen Erziehungsfragen. Ist die Beziehung frei von emotionalen Zuschreibungen, lassen sich für alle anderen Fragen Antworten finden.

Singlefamilie

Es gehören immer zwei dazu, ein Kind zu bekommen. Um ein Kind aufzuziehen jedoch nicht zwingend. Weil es keine Garantie für dauerhafte Partnerschaften gibt, ist es durchaus möglich, bewusst eine Entscheidung für die Einelternfamilie zu treffen. Sie erspart den Weg von Schmetterlingen im Bauch bis hin zu Depression oder Verlustangst. Es ist eine bewusste Entscheidung pro Kind und kontra ungewisse Paarkonstellation. Juristisch sind uneheliche Kinder mittlerweile ehelichen Kindern gleichgestellt. Dies hat die Lebenssituation besonders in materiellen Fragen erheblich verbessert. Neben finanziellen und organisatorischen Aspekten ergibt sich hieraus jedoch ein wesentlicher Unterschied: Kinder wachsen entweder männlich oder weiblich dominiert auf.

Der Zugang zu Betrachtungsweise und Kommunikationsstil des anderen Geschlechts ist erschwert. Dessen sollten sich alleinerziehende Elternteile unbedingt bewusst sein. Wenn ein Vater alleinerziehend ist, wird der lineare Kommunikationsstil überwiegen. Handelt es sich um die Mutter, wird es der zyklische Kommunikationsstil sein. Eine Gefahr entsteht dadurch, wenn Elternteile versuchen, die Verhaltensweisen des fehlenden Geschlechts selbst auszugleichen. Eine Mutter also versucht, besonders konsequent und streng zu sein, auch wenn ihr Gefühl in dem Augenblick ein anderes ist. Oder wenn ein Vater versucht, Mitgefühl aufzubringen, das er in diesem Moment gar nicht empfindet. Dadurch ist elterliches Handeln nicht authentisch und verunsichert Kinder.

Hilfreich sind Überlegungen dahingehend, wie diese Lücken ausgeglichen werden können. Gibt es Großeltern, die sich möglicherweise in die Familie einbringen können? Lassen sich familienähnliche Gemeinschaften mit dem anderen Geschlecht knüpfen, die regelmäßige Aktivitäten und gemeinsame Urlaube einschließen? Oder besteht eine Möglichkeit, familienähnliche Wohngemeinschaften zu gründen? In diesen Fällen muss Erziehung anders definiert werden. Von Außenstehenden lassen sich Kinder bekanntlich nicht erziehen. Es geht dabei auch nicht um „Bestimmen", sondern darum, Blickwinkel und Handlungsweise des anderen Geschlechts kennen und achten zu lernen. Dies ist besonders wichtig im Hinblick darauf, Kindern nicht den Zugang zur Denkweise des anderen Geschlechts zu erschweren, um später selber Partnerschaften führen zu können. Erziehung soll Grundwerte vermitteln, die nicht ausschließlich dem Respekt vor Eltern und Autoritätspersonen dienen, sondern Respekt und Wertschätzung gegenüber jedem Menschen, unabhängig von Alter, Geschlecht und Zugehörigkeit.

Abschließend lässt sich festhalten, dass eine „normale" Familie durchaus ihre Vorzüge hat. Wenn aus Liebe eine Familie gegründet wird aus der Kinder hervorgehen, die schwierigen Anfangsjahre überstanden und die Kinder erwachsen werden, dann haben Paare eine schöne Phase vor sich. Sie haben wieder Zeit zu zweit und können Dinge unternehmen, die längere Zeit nicht möglich waren. Gemeinsam können sie stolz auf die Entwicklung ihrer Kinder zurückblicken. Auf durchwachte Nächte, ausgestandene Ängste sowie all die vielen schönen Erinnerungen. Mit den gemeinsamen Erfahrungen können sie erwachsene Kinder begleiten und sich auf den nächsten Lebensabschnitt freuen: Wenn ihre Kinder sie zu Großeltern machen. Sie hüten den gleichen Schatz gemeinsamer Erinnerungen und können ihn später mit den Enkelkindern teilen: „Weißt du noch, damals...". Der Zauber aus Gemeinsamkeiten eines stetigen Zusammenlebens geht in getrennten Familien leichter verloren.

Dieser Weg ist heute vielen Menschen nicht mehr beschieden. Dennoch ist es möglich, andere befriedigende Formen von Familienleben zu finden. Dazu ist der Blick nach vorne zu richten, nicht zurück. Heute existieren pluralistische Lebensformen, deren Möglichkeiten wir nutzen und ausschöpfen können. Wenn traditionelle Bilder nicht mehr funktionieren, müssen andere gefunden werden. Frei von falsch verstandenen Moralvorstellungen und positiv zugewandt der Kraft des Lebens.

Erziehung muss heute in einem anderen Kontext verstanden werden. Sie dient nicht mehr ausschließlich der Vermittlung von Arbeitstugenden. Vielmehr sollte der Weg vom Mikrokosmos Familie zum Makrokosmos Gesellschaft genutzt werden, um globale Werte zu vermitteln. Die Folge ist eine konsequente Abwendung vom Patriarchat, das sich selbst überholt hat. Sein Zweck, gehorsame und tugendhafte Arbeiter und Soldaten aufzuziehen, entspricht nicht mehr heutigen Lebensanforderungen. Auch rechtliche Fragen und Versorgungsansprüche müssten dahingehend anders bewertet und geregelt werden. Ideal wäre eine Ausrichtung hin zu einer Bürgergesellschaft, die sich auf jeden einzelnen Bürger bezieht, unabhängig von Alter, Berufsgruppe, Geschlecht und Familienstand.

Wir müssen aufpassen, dass uns die Wertschätzung und Freude über Unerwartetes nicht verloren geht. Das Leben verlöre dadurch an

Lebendigkeit. Die „sexuelle Befreiung“ seit den 60er Jahren schafft zugleich Freude und Leid hinsichtlich einer natürlichen Fortpflanzung. In Folge ist die Notwendigkeit von Reproduktionsmedizin entstanden. Durch rationale Überlegungen wird Familiengründung auf einen späteren Zeitpunkt verschoben, der nicht dem Zeitfenster natürlicher Fortpflanzung entspricht. So bleiben viele Paare unfreiwillig kinderlos. Fluch und Segen hängen mal wieder dicht beisammen.

Das wichtigste Fundament einer Gesellschaft ist die Familie. Jedoch ist sie von dogmatischen, wirtschaftlichen und religiösen Zwängen zu befreien. Familie darf nicht für unterschiedliche Interessen instrumentalisiert werden.

5.

Konfliktakzeptanz statt Konfliktvermeidung

Zu den bedeutendsten gesellschaftlichen Herausforderungen der heutigen Zeit zählt ein angemessener Umgang mit Konflikten.

Deren Folgen sind neben zunehmendem Aggressionspotential auch körperliche und seelische Erkrankungen. Medien berichten in erster Linie über Gewaltexzesse und weniger über zunehmende Autoaggressionserkrankungen. Der Anteil liegt offiziellen Schätzungen zufolge bei über 30%. Hierzu zählen neben Herz-/Kreislauferkrankungen und Magen-/Darmstörungen auch Essstörungen sowie Ängste und Depressionen. Außerdem fallen darunter auch diverse Rückenprobleme und Kopfschmerzen. Diese Beschwerden erfassen immer jüngere Menschen und sind durchaus schon bei Kindern anzutreffen. Der dadurch entstandene Schaden bleibt nach außen weitgehend verborgen. Für die Gesellschaft tritt scheinbar keine Beeinträchtigung auf, sodass wenig Handlungsbedarf besteht. Letztendlich lassen sich viele Symptome medikamentös beheben, auch durch Verabreichung kostspieliger und dauerhafter Psychopharmaka. Abgesehen von steigenden Kosten für das Gesundheitswesen verhilft diese Entwicklung kräftig den Profiten der Pharmaindustrie. Denn Antidepressiva sind ein Milliardengeschäft, ohne Depressionen wirklich heilen zu können. Sie werden lediglich unterdrückt.

Erst wenn wieder jemand Amok gelaufen ist und viele Unschuldige mit hineingezogen hat, wird die Öffentlichkeit aufmerksam. Bis es zu solchen Dramen kommt, hat sich im Vorfeld aber schon einiges abgespielt. Wenn die Wahrnehmung eines Menschen über einen langen Zeitraum missachtet wurde, kann sich daraus ein großes Aggressionspotential entwickeln, das zu einer derartigen Missachtung anderer Menschen führt.

Wut ist eine Emotion, die ebenso wie Freude, Trauer, Liebe und Angst genetisch verankert ist und dem menschlichen Verhaltensrepertoire dient. Jede Emotion hat ihren Platz und ihre Berechtigung.

Wut ist auch eine Reaktion auf verschiedene Auslöser wie Verletzung, Hilflosigkeit, Trauer oder Angst. Mangelnde Erfahrungen, mit diesen Gefühlen umzugehen, erzeugen bei vielen Menschen aggressives Verhalten, weil sie keine Handlungsalternative kennen.

Wenn die auslösende Emotion wahrgenommen werden kann, ist eine angemessene Reaktion möglich. Bin ich also über einen Sachverhalt traurig, sage ich, dass mich die Aussage verletzt hat.

Mit Ende des 2. Weltkriegs entwickelte sich eine gesellschaftliche Umwertung von Aggressionen. Die Abschaffung autoritärer Erziehung sollte zu einer Verminderung von aggressivem Verhalten beitragen, da dieses durch autoritäre Strukturen verstärkt und begünstigt wird. Im Laufe der Zeit hat sich daraus eine negative Bewertung entwickelt, die zu Negierung und Verdrängung eines wichtigen Wahrnehmungsbestandteils der Persönlichkeit führt. Evolutionsbiologisch betrachtet ist der Aggressionstrieb für unser Überleben von großer Bedeutung, da er unter anderem das Kampf-/Fluchtverhalten auslöst.

In unserem Gehirn wird dabei eine Flut von Informationen über die Nervenzellen in Gang gesetzt. Es handelt sich um automatische Mechanismen, die nicht bewusst, sondern vom Unbewussten gesteuert werden. Somit kann sich keiner

wirklich entziehen. Nun birgt das heutige Leben
wesentlich weniger Gefahr für Leib und Leben.
Körperliche Kraft und Stärke bestimmen in westlichen Kulturen nicht mehr den Tagesablauf. War
in der Vergangenheit der Aggressionstrieb eng
mit den Lebensanforderungen verknüpft, haben
Verteidigung und Flucht heute wenig mit dem
modernen Alltag zu tun. Wohin also mit Kraft
und körperlicher Energie in Gesellschaften, deren
Funktionieren erstmals seit ihrem Bestehen von
geistiger Arbeit bestimmt wird?

Diese Diskrepanz wird dadurch verstärkt, dass
Aggressionen in vielen Kulturkreisen als sozial
unerwünschte Verhaltensweisen bewertet werden, da sie nicht dem erwarteten Sozialverhalten
entsprechen. Demokratien lehnen aufgrund ihrer Organisationsform Gewalt ab, die Merkmal
autoritärer Staaten ist. Dem gegenüber steht seit
den 90er Jahren von ökonomischer Seite eine
positive Bewertung von Aggressionsverhalten.
„Zuschnappen" hat in vielen gesellschaftlichen
Bereichen wieder Vorbildfunktion. Es entspricht
einer erwünschten Handlungsweise im Ge-
schäftsleben, wie der sogenannte „Kampfeswil-
len" und „Killerinstinkt". Auch in den Medien
wird eindeutig klar gemacht, welches Verhalten
Gewinner hervorbringt. Dieser Widerspruch erzeugt Unsicherheit.

Über Sprache werden häufig Aggressionen transportiert, die dem Gegenüber keine Wahlmöglichkeit lassen. Einmal in die Ecke gedrängt, setzen biologische Mechanismen ein, die nur noch Angriff oder Flucht zulassen. Dadurch werden mögliche Handlungsalternativen versperrt.

Konflikte lauern überall

Jeder kennt sie, aber keiner will sie haben: Konflikte gehören zum Alltag. Unser Leben ist davon geprägt, ständig und überall Entscheidungen treffen zu müssen. Kein Lebensbereich ist davon verschont. Hinzu kommen zwischenmenschliche Konflikte, am Arbeitsplatz, im Freundeskreis und natürlich in der Familie.
Kein Wunder also, dass es irgendwann reicht und man sich nach einer Komfortzone, einem konfliktarmen Bereich, sehnt. Und dieser Wunsch wird dann auf die übertragen, die einem besonders am Herzen liegen: Familie und Freundeskreis.

Gerade die Menschen, zu denen man in einer engen Beziehung steht, haben aber ein Anrecht darauf, dass man sich mit ihnen auseinandersetzt. Bedauerlicherweise ist die Kraft des Tages dafür meist schon aufgebraucht. Genauso verhält es sich mit der Energie, Konflikte aushalten zu können.

Eine weitere Rolle spielt auch der "kleine" Unterschied, denn verbale Kommunikation ist schon immer eine weibliche Domäne. Männer benötigen im Laufe eines Tages deutlich weniger Worte. Gerade diese geschlechtsspezifischen Bedürfnisse führen zu erneutem Konfliktpotential. Dies zeigt sich auch in der Kindererziehung: Mädchen sprechen häufiger über Probleme und drücken Missfallen deutlicher aus. Sie äußern sich verbal. Viele Jungen hingegen lehnen lange Erklärungsversuche ab. Ihr grobmotorisches Verhaltensrepertoire wird dann als unwillig und bockig gedeutet.

Bisher waren gesellschaftliche Wertvorstellungen auf patriarchalische Strukturen ausgerichtet. Das hat sich verändert. Erziehung wird aus einem weiblichen Blickwinkel betrachtet und entsprechend beurteilt: Von Müttern über Erzieherinnen bis hin zu Lehrerinnen, ergänzt durch den Rat von Freundinnen.

Wird beispielsweise ein Mädchen nach dem Verbleib eines Turnbeutels gefragt, antwortet es wahrscheinlich: *"Oh, den habe ich in der Turnhalle liegen gelassen."*

Ein Junge wird eher so etwas brummeln, wie: „Keine Ahnung." Beim weiblichen Empfänger kommt meist folgende Botschaft an: „Er hat keine Ahnung und es ist ihm wahrscheinlich auch völlig egal." Die Aussage des Mädchens beinhaltet zumindest so etwas wie Bedauern.

Weibliche Beurteilung, gepaart mit fehlenden männlichen Vorbildern, erschwert es Jungen zunehmend, einen Platz in der Gesellschaft zu finden. Ihr körperbetontes und grobmotorisches Verhalten wird häufig als aggressiv interpretiert und damit als unerwünschte Verhaltensweise abgelehnt.

Aus einem nachvollziehbaren Bedürfnis nach Harmonie entsteht die Gefahr, wichtige Konflikte nicht mehr aushalten und austragen zu können. Damit tut man nicht nur anderen, sondern auch sich selbst unrecht und vernachlässigt einen wesentlichen Aspekt der Persönlichkeitsentwicklung

Es ist dringend Zeit umzudenken und Konflikte als das anzunehmen, was sie in erster Linie sind: ein Interessenkonflikt bezüglich eigener Motive oder Motive anderer, der durch das Zusammenleben verschiedener Individuen zwangsläufig entsteht. Nicht mehr und nicht weniger.

Grundsätzlich kann gesagt werden: Jede Emotion hat ihre Berechtigung. Es gibt weder „gute" noch „schlechte" Emotionen. Werden sie ständig unterdrückt, kann dies zu Störungen und Krankheiten führen. Dem vorzubeugen, ist erklärtes Ziel einer wertschätzenden und persönlichkeitsbildenden Erziehung.

Wie nehme ich einen Konflikt wahr?

Die Fähigkeit wahrnehmen zu können, ist die Voraussetzung, um mit anderen Menschen in sozialen Kontakt und Austausch zu treten. Emotionen sind unabhängig von Kultur und Sprache verständlich und ermöglichen eine universelle Verständigung. Freut sich ein Chinese, kann ein Europäer oder Afrikaner dies durchaus verstehen.

Ein emotionaler Prozess besteht im Wesentlichen aus:

* *Wahrnehmung einer Situation*
* *Reaktion auf eine Wahrnehmung*

Ein Kind in der Trotzphase verfügt über ein eingeschränktes Repertoire zum Ausdruck seiner Wut. Es kann nur schreien, toben, beißen und Sachen rumschmeißen.

Es tut dies nicht, um andere zu ärgern, sondern weil es noch keine anderen Möglichkeiten zum Ausdruck kennt.

Ist man Zeuge eines Streits und reagiert folgendermaßen:

„Wie kann man sich nur über so was aufregen?", dann handelt es sich um Abwertung einer Sichtweise. Wenn jemand glaubt, sich um irgendetwas streiten zu müssen, dann ist das sein gutes Recht und entspricht seiner Wahrnehmung. Fühlen sich andere dadurch gestört, so ist es wiederum ihr gutes Recht zu sagen: *„Tragt euren Streit an einem anderen Ort aus"*. Es handelt sich dabei ja um deren Wahrnehmung. Jeder soll bei seiner Wahrnehmung bleiben, ohne die des anderen aus dem Blickwinkel der eigenen Wahrnehmung zu Bewerten und als überflüssig abzutun. Es ist ein großer Unterschied zu sagen, *„Wie kann man nur (so dumm sein) über so eine Kleinigkeit zu streiten"*, oder aber *„Könnt ihr euren Streit woanders fortführen"*.

Genauso verhält es sich mit Angst und Traurigkeit. Beide Emotionen sind durchaus real und bieten eine wichtige Schutzfunktion, wenn sie beachtet werden. Werden sie negiert oder verdrängt, wird signalisiert, dass die erlebte Wirklichkeit falsch sei.

Die Folge davon ist Verwirrung und nachhaltig Misstrauen gegenüber der eigenen Wahrnehmung.

Der heikle Umgang mit dem Aggressionsverhalten anderer

Ein heute weitverbreitetes Phänomen sind Kinder, die Grenzen nicht akzeptieren und beachten können. Das Verhalten dieser Kinder stellt für alle Erziehungsinstanzen bekanntermaßen ein großes Problem dar, weil es die Arbeit mit sowieso schon selbstbewussten und nicht mehr autoritätshörigen Kindern ungemein erschwert. Aber auch das tägliche Umfeld der Kinder ist gefordert, viel früher zu reagieren. Einerseits aus Selbstschutz aber auch aus Verantwortung gegenüber der Gruppe. Diese Aufgabe lässt sich nur gemeinschaftlich bewältigen. Hiervon betroffen sind auch die Kinder, die über ein gutes Sozialverhalten verfügen. Sie stellen berechtigterweise ihre bisherigen Wertvorstellungen in Frage, weil den häufigen und teilweise heftigen Störungen nicht entschieden entgegengetreten wird. Außerdem stört die Unruhe ständiger Quertreiber die Aufnahmefähigkeit und Lernbereitschaft, sei es an Schulen, bei Hobby oder Sport. Die Nerven aller Beteiligten werden in hohem Maße auf eine Belastungsprobe gestellt. Zusätzlich zur täglichen Reizüberflutung wird dadurch das tägliche Stresspotential erhöht. Durch Wegschauen und Zähne zusammenbeißen ist keinem geholfen. Auch Abwarten und Abschieben auf die nächste Instanz bietet keine Lösung: *„Da soll sich dann die Grundschule drum kümmern ...“*, *„Dafür ist schließlich die Weiterführende Schule zuständig ...“*, *„Darum soll sich die Ausbildungsstätte kümmern ...“*, und wenn gar nichts mehr geht, dann gibt es ja auch noch das Jugendamt.

Der Wunsch nach Harmonie bietet bei dieser häufig unterschätzten Problematik keine Lösung. Es wird Zeit, aufzuwachen und Stellung zu beziehen. Hier sind alle gefordert. Darüber hinaus entsteht ein volkswirtschaftlicher Schaden, weil junge Menschen zum Teil gar nicht mehr in der Lage sind, für ihren Lebensunterhalt zu sorgen. Ausgaben für Prävention werden ständig gekürzt und damit Möglichkeiten eines frühen Eingreifens verhindert. Wenn man bedenkt, wie hoch anschließend die finanziellen Aufwendungen beruflicher Integrationsmaßnahmen oder für Hartz IV sind, scheint diese Entwicklung mehr als bedenklich.

Eine wesentliche Forderung der Praktischen Pädagogik lautet, die Sprache der Kinder verstehen zu lernen. Im Kern geht es um die Frage: *„Aus welcher Gehirnentwicklungsstufe heraus (mit welchen Wahrnehmungen und Fähigkeiten) agiert und reagiert der Mensch gerade? Was kann diese Entwicklungsstufe leisten, was kann sie nicht?"* (Koneberg, Ludwig: Die sieben Sicherheiten, die Kinder brauchen, Seite 15).

Dem unkontrolliert Ausflippenden auf rationaler Ebene zu begegnen, bringt in dem Augenblick gar nichts. Hier ist eine kurze, klare Ansage nötig. Auch sanfter körperlicher Einsatz ist unterstützend, z.B. in Form von An-die-Hand-nehmen. Wir versuchen heute alle Probleme mit Hilfe von Verstand und im gegenseitigen Konsens zu regeln. Erziehung ist weitgehend entkörperlicht. Kinder können deshalb natürliche Grenzen und Beschränkungen nicht mehr spüren und wahrnehmen. Kinderwagen, Kinderbett und Kinderzimmer haben die ursprüngliche Umgangsweise, am Körper getragen zu werden, ersetzt. Diese kulturellen Veränderungen könnten nach Vester dazu beigetragen haben, dass sich logisch/analytisches Denken vor allem in Industrieländern stärker entwickelt hat. Viele Eltern haben dadurch Hemmschwellen, ihr Kind an der Hand festzuhalten oder ihm durch einen Druck zu signalisieren, Halt – Stopp, hier ist Deine Grenze. In dieser Entkörperlichung sieht die Psychologin Prekop einen Zusammenhang zu fehlendem Halt.

Der Umgang von Erwachsenen mit Kindern findet heute weitgehend auf intellektueller Ebene statt und führt dazu, Kinder zu überfordern. Ihr logisches Denkvermögen entwickelt sich erst zu einem späteren Zeitpunkt. Nur über das Körperbewusstsein entsteht das Selbstbewusstsein. Nicht über den Weg logischer Erklärungen.

Benimmt sich ein Kind häufig verhaltensauffällig, muss schneller und deutlicher reagiert werden: *„Hör jetzt auf damit, lass es sein.“* Im Wiederholungsfall ist eine Verwarnung auszusprechen, die eine Konsequenz beinhaltet. *„Wenn du nicht aufhörst zu treten, setzt du dich auf die Bank“.*

Wenn sich das Verhalten auch nach mehrmaliger „Strafbank“ nicht verändert hat, wird das Kind im günstigsten Fall von den Eltern abgeholt, was natürlich häufig nicht möglich ist. In jedem Fall sollen die Eltern darüber informiert werden, dass das Kind bei weiteren Störungen für eine befristete Zeit von der Teilnahme ausgeschlossen wird. Verändert sich auch dadurch das Verhalten nicht, muss ein Kind eben auch mal zeitweise von einem Kurs oder einer Veranstaltung ausgeschlossen werden. Wichtig ist aber, dem Kind wiederholt Möglichkeiten zu einer Verhaltensänderung einzuräumen. Ein Kind, das sich bei einer Veranstaltung, wie z.B. Wettkampf, Ausflug, Nachtwanderung oder Schwimmbadbesuch partout an keine Regeln halten kann oder permanent andere ärgert, darf ruhig mal nach Hause geschickt werden. Davon bricht die Welt nicht zusammen.

Ein Pubertierender, der ständig den Konfirmandenunterricht stört oder zum Gottesdienst morgens nicht früh aufstehen will, wird eben erst ein Jahr später konfirmiert. Das ist dann halt Pech, und die Geschenke müssen warten. „Strafbank" ist nicht als Strafe für ein bestimmtes Verhalten zu verstehen, sondern als eine Auszeit.

Auszeit darf nicht mit Ausgrenzung verwechselt werden. Es bedeutet, einen Konflikt dadurch zu entschärfen, dass aus der Situation herausgetreten wird. Erst wenn sich die Perspektive verändert, wird ein neuer Blickwinkel möglich, der eine Verhaltensänderung zulässt, ohne sein Gesicht zu verlieren.

Reaktionen müssen viel früher erfolgen. Das Ziel ist schnelles und wertfreies Handeln, das Rückschlüsse auf den Auslöser zulässt.

Wird auffälliges Verhalten zu häufig ignoriert, läuft das Fass irgendwann über. Überreaktionen sind bekanntlich unangemessen und verhindern eine mögliche Einsicht in den Auslöser.

Solche Maßnahmen sollen nicht überdramatisiert werden, sondern dem Kind eine Möglichkeit bieten, sein Verhalten erneut zu erproben. In der Schule ist natürlich ein dauerhafter Ausschluss nicht möglich, aber das Kind kann dort durchaus auch auf einer „Strafbank" bzw. stundenweise in anderen Klassen untergebracht werden. Für Schulen müssen natürlich andere Regelungen gefunden werden, damit der Unterrichtsverlauf für alle garantiert ist.

Beginnt die Einsicht in erforderliche Maßnahmen und Reaktionen jedoch schon viel früher, wird es erst gar nicht so weit kommen. Der Handlungsbedarf wird nämlich fälschlicherweise meist erst nach der Einschulung wahr genommen und häufig auch in den ersten Klassen noch ignoriert.

Tipp: Beiden Seiten eine Auszeit gönnen. Denn diese Situationen erzeugen auch bei uns Emotionen, die uns verärgern oder überfordern. Akzeptieren Sie Ihre Grenzen und zeigen dem Kind deutlich, jetzt hast du meine Grenze überschritten. Auch zu Hause lässt sich eine Auszeit organisieren. Hilfreich sind deutliche Zeichen oder Signale, wie z.B. eine Rote oder Grüne Karte, oder einen bestimmten Platz vereinbaren, an dem sich jeder zurückziehen kann.

Ein Konflikt, wie im aufgeführten Beispiel, entsteht durch folgende Faktoren:

• *abstrakte, analytische dem Erwachsenengehirn entsprechende und entkörperlichte Erziehung, die natürliche Grenzen schwer erkennen lässt*

• *Negierung von Erfahrungslernen*

• *Verdrängung und Nicht-Aushalten-Können eines Konflikts*

Vom Wunsch nach Harmonie

Grenzen existieren, um sie zu überschreiten. Sonst gäbe es keine Weiterentwicklung. Wenn sich Kinder zeitweise auflehnen, handelt es sich erst einmal um einen ganz natürlichen Vorgang. Und nur als solcher sollte er wahrgenommen werden. Dieses Verhalten gehört zur völlig normalen Entwicklung und ist beim einen stärker ausgeprägt als beim anderen. Wer wünscht sich schon

Kinder, die zu allem Ja und Amen sagen? Wichtig ist zu erkennen, ob die eigene Grenze überschritten wurde. Voraussetzung hierfür ist eine sensible Eigenwahrnehmung. Grenzüberschreitungen sind grundsätzlich erst mal nicht persönlich zu nehmen. Jeder Mensch wird versuchen, Grenzen auszuloten und der andere hat das Recht, die Bremse zu ziehen. Dabei handelt es sich um immer wiederkehrende Situationen, die jeweils erneut auf den Prüfstand gehören.

Erwachsene haben häufig Schwierigkeiten, eine Konfliktsituation als das anzunehmen, was sie eigentlich ist: Nämlich ein Zwiespalt unterschiedlicher Interessen und Bedürfnisse. Heute soll möglichst alles ausdiskutiert und einvernehmlich gelöst werden. Nicht selten erzeugt der Zwang zu Harmonie Harmonieterror. Es gibt aber viele Situationen im Leben, die sich nicht im gegenseitigen Einvernehmen und Einklang lösen lassen. Das ist ein absoluter Trugschluss. Hierzu ein Beispiel: Jemand hat sich wahnsinnig verliebt und diese Liebe wird nicht erwidert, da sie einer anderen Person gehört. Wie könnte dieser Konflikt in gegenseitigem Einverständnis gelöst werden? Denn eines ist sicher: Mindestens ein Beteiligter ist mit der Situation nicht zufrieden. Dieser Lebenslüge muss dringend der Nährboden entzogen werden.

Konflikten wird eine viel zu große Bedeutung beigemessen. Sie werden mit sich rumgetragen, wiederholt analysiert und hinterfragt. Damit wachsen sie zu einem Ballast, der in Folge nur eine einzige Lernerfahrung zulässt: *„Wie kann ich den nächsten Konflikt vermeiden?"*

Früher wurde Konfliktsituationen anders begegnet. Wer sich nicht angepasst hat, wurde körperlich gezüchtigt oder bestraft. Impulse von Auflehnung wurden im Keim erstickt. Diese Vorgehensweise ist für Autoritätspersonen wesentlich einfacher, trägt jedoch nicht zum Abbau von Aggressionen bei. Denn Aggressionen entstehen auch in Folge von autoritärem Führungsstil und steigen beim Wegfall der Kontrolle.

Konflikte basierend auf Sprache

Deutschland ist eine Bildungsnation. Unser Kapital sitzt zwischen den Ohren. Deshalb ist Kommunikation die wichtigste Verständigungsgrundlage. Heutige Erziehung wird über Sprache vermittelt. Das bedeutet, mit Kindern wird fast alles besprochen und bestenfalls auch einvernehmlich geregelt. Aus diesem Grund muss auf verbaler Ebene viel stärker der Unterschied deutlich gemacht werden zwischen der

Möglichkeit, Dinge zu verändern und der Tatsache, einen Sachverhalt zu akzeptieren. Dazu muss Sprache entzerrt und sich auf den zu transportierenden Inhalt besonnen werden. Beispielsweise mit fester Stimme zu sagen: „Hör´ jetzt auf damit", anstelle von: „Jetzt sei doch bitte so lieb und lass den Quatsch", oder „kannst Du bitte mein Verbot akzeptieren?" oder auch „das darfst du jetzt nicht machen, OK?" Solche Doppelbotschaften führen zu einem unbefriedigenden Ergebnis für beide Seiten.

Höflichkeit steht auf dem Erziehungsbarometer ganz oben. Ohne „bitte" und „danke" geht scheinbar gar nichts mehr. Um Höflichkeit nicht der Inflation anheimfallen zu lassen, wäre es wichtig zu unterscheiden, ob es sich tatsächlich um eine Bitte handelt, oder eine Anordnung. „Kannst du bitte von der Straße weggehen." „Hörst du bitte auf, deinen Bruder zu würgen." Handelt es sich hierbei wirklich um eine höfliche Anfrage?

Gute Umgangsformen sind für ein gesellschaftliches Miteinander von großer Bedeutung und rücken auch für Unternehmen wieder zunehmend in den Blickpunkt. Wenn sie jedoch zu reinen Worthülsen verkommen, haben sie ihren Zweck verfehlt. Höflichkeit dient dem Ausdruck von Wertschätzung und Respekt. Jemanden zu bitten ist persönlicher und sollte von daher sparsam dosiert werden. Denn eine Bitte kann ja auch abgelehnt werden und folglich Frustration erzeugen. Gerade bei der Kindererziehung gibt es jedoch viele Situationen, die eindeutig auf eine Anweisung hinauslaufen und dementsprechend zu formulieren sind. Nur so kann die Botschaft klar beim Empfänger ankommen:

„Es ist Schlafenszeit, und deshalb gehst du jetzt ins Bett"; „Hör' auf nach mir zu treten"; „Wenn wir an der Straße laufen, nehme ich dich an meiner Hand."

Sprache ist als Transportmittel von Botschaften aus modernen Gesellschaften nicht mehr wegzudenken. Die Fähigkeit, über Sprache zu vermitteln was wir fühlen, ist jedoch äußerst schwierig. Deshalb ist es wichtig, klar und deutlich auszudrücken, was wir empfinden. Unsere eigentlichen Botschaften werden verborgen und verbogen, häufig aus Unsicherheit und mangelnder Erfahrung im Umgang mit unseren Bedürfnissen und Empfindungen. Vieles wird unter den Deckmantel von Höflichkeit gekehrt oder entspringt der Angst, uns nicht in die Karten schauen zu lassen. Dies führt häufig zu Frustration und selten zu einem befriedigenden Ergebnis.

Unsere Unerfahrenheit im Erkennen und Benennen von Empfindungen erzeugt Unsicherheit. Aus dieser Betroffenheit heraus greifen wir unbewusst auf biologische Verhaltensmuster zurück. Häufig äußert sich dieser Schutzmechanismus im Kampf-/Fluchtverhalten. Dadurch wird der Weg zur Konfliktlösung versperrt.
Denn voraussichtlich wird der Gesprächspartner auch auf dieses Verhaltensmuster zurückgreifen. Solange dieser Teufelskreis fortgesetzt wird, ist eine Konfliktlösung schwer möglich.

Sind Botschaften klar und deutlich und zwingen zu keiner Abwehrreaktion, dann lassen sie Handlungsspielraum und Veränderungen zu. Ein möglicher Gesichtsverlust wird dadurch verhindert. Hierdurch lassen sich Aggressionen vermeiden, die eigentlich nur aus unterschiedlichen Auffassungen resultieren. Es ist dringend an der Zeit, den Sprachgebrauch auf unsere eigene Wahrnehmung auszurichten. Hier nun einige Tipps, um dieses Muster zu durchbrechen:

• *In einem ruhigen Moment Situationen aufschreiben, die häufig zu Konflikten führen. Es handelt sich fast immer um wiederkehrende oder ähnliche Situationen.*

• *Welche Gefühle werden dabei verletzt? Es gibt im Prinzip nur fünf Grundemotionen: Freude, Liebe, Trauer, Angst, Wut.*

• *Was will ich eigentlich sagen? Gedanken in klare, einfache Botschaften in ICH-Form fassen.*

• *Üben, üben, üben. Wenn die zutreffende Aussage zufriedenstellend ist, sollten die Sätze wiederholt werden, damit sie sich einprägen lassen. Denn in Stresssituationen wird auf vertraute Muster zurückgegriffen. Neue Lösungsmöglichkeiten müssen erst „gespeichert" werden.*

Für die Gesellschaft ist es von großer Bedeutung, einen neuen Sprachumgang zu finden. Sprache muss hierzu von unnötigen Floskeln, möglichen Fehldeutungen und Projektionen bereinigt werden. Im besten Fall in einer Form, die unsere Gefühle für den Gesprächspartner erfahrbar machen und in der alle Beteiligten ihr Gesicht wahren können.

Kinder können noch einfach sagen: „*Nein, ich will nicht.*" Diese Fähigkeit bekommen sie mit steigendem Lebensalter zugunsten fragwürdiger Höflichkeitsformen abgesprochen. In Folge benötigen sie einen großen Teil ihres Erwachsenenlebens, wieder zu lernen, ihre Gefühle auszudrücken. Was für eine Verschwendung von Zeit und Lebensqualität!

Eben Genanntes bezieht sich auf die Sendung von Botschaften. Wie verhält es sich aber beim Empfänger? Sagt ein kleines Kind ein entschiedenes „NEIN, ich will das nicht" finden wir das noch goldig. Verhalten sich hingegen Erwachsene so, vermittelt die Aussage etwas Erschreckendes und Bedrohliches. Wir müssen lernen, diese Botschaften zu akzeptieren ohne uns persönlich angegriffen zu fühlen. Es geht darum, den Inhalt der Botschaft zu entnehmen, zu überprüfen, ob die Aussage mit unserer Empfindung übereinstimmt und daraufhin entscheiden, was wir wollen. Achtung! Dieser Vorgang muss nicht einvernehmlich gelöst werden. Sind wir anderer Auffassung, dann ist das auch in Ordnung.

Ansonsten bleibt jeder bei sich und seiner Wahrnehmung. Wenn der Andere sauer ist, dann ist er eben sauer, Punkt. Und erst der Versuch, die Wogen glätten zu wollen, führt zu Verzerrungen in der Wahrnehmung aller Beteiligter. Nur wenn jeder bei seiner Ich-Botschaft bleibt, kann der Gesprächspartner diese wahrnehmen und angemessen reagieren.

Wenn ein Kind nicht spüren kann, dass unterschiedliche Gefühle und Empfindungen in seinem Repertoire existieren und seinem Ausdruck zur Verfügung stehen, wird es sich in vielen Situationen impulsiv verhalten. Impulsiv bedeutet in dem Fall, von Kraft gesteuert. Eine mögliche Folge ist zielloses Um-sich-beißen und Zuschnappen. Jungen sind hiervon häufiger betroffen als Mädchen.

Eltern können sich folgende Fragen beantworten:

• *Wie wird innerhalb der Familie auf die Empfindungen anderer geachtet?*

• *Welche Reaktionen erfolgen auf eine Gefühlsäußerung?*

Familie ist der geeignete Platz, um den Ausdruck von Empfindungen und Gefühlen immer wieder zu erproben und erfahrbar zu machen. In der Arbeitswelt werden seit längerem entsprechende Einheiten angewendet. Vielen sind diese Trainings bereits bekannt, wie z. B. das „Blitzlicht" oder „Stimmungsbarometer". Jeder Teilnehmer soll zu Beginn oder anlässlich einer bestimmten Situation kurz mitteilen, wie er sich fühlt. Im Wesentlichen ist dabei zu beachten, dass anschließend keinerlei Beurteilung stattfindet. Leider wird dies häufig missverstanden, sodass eine Bereitschaft zur Mitteilung bereits im Keim erstickt wird. Jede Äußerung muss ohne Bewertung aufgenommen werden, ansonsten wird die eigene Wahrnehmung verfälscht widergespiegelt und ihr in Folge misstraut. Auch der Wunsch zu helfen birgt häufig eine Falle. Wenn z. B. Angst oder Trauer die augenblickliche Stimmungslage spiegeln und diese Empfindungen heruntergespielt werden. Das ist sicher gut gemeint, erzeugt jedoch Unsicherheit gegenüber der eigenen Wahrnehmung. Unsicherheit führt dazu, in vielen Situationen einfach „zuzuschnappen".

Typische Beispiele aus dem Alltag

Aussage: *„Ich bin traurig, weil mein Haustier gestorben ist"*. Reaktion: *„Das tut mir aber leid, wir können ja ein neues kaufen."*

→ Durch die Aussicht auf einen Ersatzkauf wird das Gefühl der Trauer unterdrückt. Die berechtigte Trauer wird verdrängt und somit als unerwünschtes Gefühl abgetan. Über eine Lösung des Problems, z. B. einen Ersatzkauf, kann zu einem späteren Zeitpunkt nachgedacht werden. An erster Stelle steht die Berechtigung, traurig zu sein.

Tipp: *„Ich kann verstehen, dass du traurig bist. Es tut mir für dich leid, dass dein Haustier gestorben ist."*

Aussage: *„Ich habe Angst, das zu machen"*. Reaktion: *„Das ist doch nicht schlimm, davor brauchst Du doch wirklich keine Angst zu haben."*

→ Wenn ich vor so einer Kleinigkeit schon Angst habe, wie soll ich dann schwierigere Sachen lösen? Das kann ich doch gar nicht schaffen. Die Unterscheidung zwischen realen und irrealen Ängsten wird erschwert. Häufig führt dies zu einer diffusen Wahrnehmung in Bezug auf Neues und nicht Vertrautes und drückt sich in Form von unspezifischen Ängsten aus:

Tipp: *„Ich verstehe deine Angst"*, oder, *„Dann lass es bleiben, das ist völlig in Ordnung"*.

Wir meinen, Ängste und Probleme gleich lösen oder Handlungskonzepte entwickeln zu müssen. Ängste lassen uns schwächer erscheinen. Dabei sind sie ein wichtiger Schutzmechanismus.

Tipp: *„Hast du eine Idee, wie du deine Angst überwinden kannst? Kann ich dich dabei unterstützen?"*

Wenn es keine Idee für eine Lösung gibt, ist die Angst zu diesem Zeitpunkt zu respektieren. Durch das Vertrauen in die Wahrnehmung des Kindes taucht die Lösung später von selbst auf.

Aussage: *„Tu mir den Gefallen und lass das bitte.“*

→ Handelt es sich um einen Wunsch oder eine Anordnung? Einem Wunsch muss nicht zwingend Folge geleistet werden. Somit besteht eine Wahlmöglichkeit, die zum Nachdenken und Abwägen einlädt, nicht aber zum sofortigen Handeln. Hier ist eine klare Aussage wichtig.

Tipp: *„Lass das!“*

Aussage: *„Deswegen brauchst Du doch nicht traurig zu sein.“*

→ (weil heute nur die Mädchen aus der Gruppe etwas geschenkt bekommen haben). Deswegen kann man sehr wohl traurig sein, wenn man am heutigen Tag nun mal das Pech hat, ein Junge zu sein. Daran zu ändern ist sowieso nichts. Aber, warum darf man dann nicht wenigstens traurig sein?

Tipp: *„Ich kann verstehen, dass du traurig bist“*.

Aussage: *„Ach, das wird schon wieder."*

→ Ein typischer und sicher gutgemeinter Versuch, bei Schmerzen und Kummer zu trösten. Und irgendwann wird eine Besserung auch ganz bestimmt eintreten. Für den betroffenen Moment jedoch absolut keine Hilfe. Jetzt, gerade in diesem Moment, tut es einfach weh, und nur das zählt. Nicht, ob der Schmerz vielleicht in 10 Jahren noch vorhanden sein könnte:

Tipp: *„Das hat dir jetzt wehgetan, kann ich dir helfen oder dich trösten?"*

Anhand der ausgewählten Beispiele wird deutlich, inwieweit sprachliche Verzerrungen das Leben unnötig kompliziert machen und den Alltag mit Missverständnissen überhäufen. Dadurch wird Frustration erzeugt und Energie verbraucht, die dann in anderen Bereichen fehlt.

Der Vorschlag, schneller und deutlicher zu reagieren, soll nicht als Aufforderung zu Denunziation verstanden werden. Beachten soll nicht verwechselt werden mit Verachten. Auffälliges Verhalten ist eine Antwort auf gesellschaftliche Schwachstellen, die es zu erkennen gilt.

Aggressives Verhalten hat sich als Ausdrucksform

gesellschaftlich etabliert, da es in vielen Lebensbereichen vorgelebt wird. Dabei verbirgt sich dahinter meist ein ganz anderes Gefühl. Wut zeugt in unserem Wertsystem eher von Stärke als von Schwäche. Bevor ich also zugebe, ich habe Angst, haue ich lieber kraftvoll auf den Tisch. Dieses Bewertungssystem muss verändert werden, um blinde Wut umzuwandeln und Wahrnehmungen wie Angst oder Unsicherheit nicht als Defizit abzuwerten.

Konflikte durch unterschiedliche Wahrnehmungen, genannt Missverständnisse

Wie Situationen beurteilt werden, hängt von der eigenen Wahrnehmung ab. Hat der Andere mit Absicht gehandelt, um mich zu ärgern? Oder ist seine Verhaltensweise eine Reaktion? Solche Fragestellungen laufen unbewusst ab. Fühle ich mich beispielsweise unsicher, ohne mir meiner Ängste bewusst zu sein, kann Frustration erzeugt werden, die sich häufig in aggressivem Verhalten äußert. Die Reaktion erscheint unangemessen und lässt keinen Rückschluss auf den Auslöser zu. Am Ende weiß keiner der Beteiligten noch, um was es letztendlich ging. So kann eine völlig harmlose Situation zu einem Konflikt führen.

Nur wenn der eigenen Wahrnehmung Vertrauen

geschenkt werden kann, lassen sich solche Missverständnisse vermeiden. Denn häufig sind Aussagen und Verhaltensweisen Anderer die Folge einer mir unbekannten Situation. Folgende Fragestellungen können hilfreich sein:

„Warum war der Andere so unfreundlich zu mir? Lag es möglicherweise an Müdigkeit oder Zeitdruck? War mein Gesprächspartner mit seinen Gedanken ganz woanders oder ist ganz einfach nur mit dem falschen Fuß aufgestanden? Ist die Ursache vielleicht mangelnde sprachliche Ausdrucksfähigkeit?"

Die meisten Gründe haben nichts mit der eigenen Person zu tun. Wird einer Aussage eine Absicht unterstellt, sind wir voreingenommen und verhindern die Betrachtung verschiedener Aspekte. Einmal in die Ecke gedrängt, reagieren viele Menschen mit „Zuschnappen" oder „Rückzug". Unabhängig davon, welche Möglichkeit genutzt wird, beide haben eines gemeinsam: Sie beinhalten nur einen Teilaspekt der möglichen Lösungen und sind damit selten zufriedenstellend.

Eines der häufigsten Missverständnisse entsteht, wenn ein Mensch sich durch die Aussage eines Anderen in seiner Gesamtheit abgelehnt und herabgewürdigt fühlt: *„Du bist immer so ..."*;

„Du benimmst dich immer wie ein ...“; „Kannst du nicht wenigstens mal ...“.

Der Empfänger nimmt folgende Botschaft wahr: Du bist so, du warst so und wirst immer so bleiben, also eine unabänderliche Situation.
Folglich sinkt die Motivation zu einer Veränderung. Die erzeugte Frustration führt entweder zu Gleichgültigkeit, Widerspruch oder Wut. Die Tür zu einer Lösung bleibt in dem Moment versperrt.
Dem Gegenüber einzuräumen, sein Verhalten zu überdenken und vielleicht zu verändern, ist nur möglich, wenn der Andere nicht „blockiert“, d.h. den Blick auf die Situation richten kann.
Eine Situation hat eine völlig andere Bedeutung, wenn stattdessen gesagt wird: *„Ich mag es nicht, wenn du ...“; „Ich möchte nicht, dass ...“; „Ich erwarte von dir, dass ...“; „Es stört mich, ...“* Wenn z.B. Eltern sagen: *„Kannst du deine Hausaufgaben nicht wenigstens ordentlich machen?“*, ist es nicht verwunderlich, wenn daraus eine heftige Diskussion entbrennt, die von der Sache her mit den Hausaufgaben letztendlich nichts zu tun hat. Am Ende zieht sich jeder wütend zurück und hat nichts gewonnen, außer Horror vor den nächsten Hausaufgaben.

Ein Konflikt beinhaltet immer unterschiedliche Sichtweisen. Offen zu sein bedeutet, verschiedene Seiten zu betrachten. Nur aus einem erweiterten

Blickwinkel heraus kann eine Entscheidung getroffen werden. Fühlen wir uns jedoch angegriffen, entstehen Scheuklappen und lassen nur einen möglichen Weg zu.

Ein Konflikt kann nur befriedigend geklärt werden, wenn alle Beteiligten ihr Gesicht wahren können. Wird der Konfliktpartner abgewertet, geht die Selbstachtung verloren und erzeugt das Gefühl, Verlierer zu sein. Wer möchte schon dauerhaft zu den Verlierern gehören?

Wer das Gefühl hat, in Konfliktsituationen immer zu verlieren, fühlt sich gedemütigt und erlebt eine wachsende Frustration. Sich ständig gedemütigt zu fühlen erzeugt den Wunsch nach kontrollierbaren Situationen. Wenn das Bedürfnis nach Kontrolle zum Zwang wird, entsteht hohes Aggressionspotential, das dann gegen sich selbst oder Andere gerichtet wird.

Wie man aus einer Mücke keinen Elefanten macht

Viel Konfliktpotential beinhalten alltägliche profane Situationen. Etwas, das wir den ganzen Tag über machen, ohne uns dessen bewusst zu sein oder die Auswirkungen zu bedenken.

Fragt man zum Beispiel ein Kind, ob es etwas trinken möchte, wird es häufig „nein" sagen, denn es gibt ja weitaus spannendere Sachen. Der folgende Dialog könnte dann so verlaufen:

„Du hast aber schon lange nichts getrunken und das ist so wichtig und gesund für Dich".

Das Kind wittert eine Chance für einen Machtkampf und steigt voll ein. *„Ich will aber nichts trinken". „Du musst jetzt aber wirklich was trinken, wenigstens nur einen Schluck, bitte."* Und wieder ist ein völlig unsinniges Machtgefälle entstanden, das Kinder übermächtig werden lässt und die Autorität der Erwachsenen schon fast ins Lächerliche zieht. Vielleicht hat ja das Kind Glück, und kann für sich noch einen Bonus raushandeln, als Belohnung für einen Schluck Wasser?!

„Möchtest du lieber Wasser oder Tee trinken?"

„Ziehe deine Schuhe an, weil wir gehen müssen." Verweigerung folgt auf den Fuß.

„Willst du zuerst den linken Schuh anziehen, oder den rechten?"

Dem Kind werden Alternativen angeboten, aus denen es auswählen kann. Die Sache an sich steht hierbei gar nicht zur Debatte.

Über die Möglichkeit, abzuwägen, steht eine

Ablehnung gar nicht im Vordergrund. Das Kind kommt über eine Wahlmöglichkeit gar nicht auf die Idee, in einen Machtkampf zu treten. Es darf eine Entscheidung treffen und kann sein Gesicht wahren.

Auch in heiklen Situationen lieber eine Alternative aussprechen, als ein Verbot. Beispielsweise hat ein Kind unpassenderweise Schere oder Messer in der Hand:

„Schau mal, hier sind Kinderscheren. Möchtest du lieber die rote oder die blaue?"

Oder ein Streit um Stifte oder Bausteine: *„Möchtest du lieber den gelben oder den blauen?*

Alternativen anbieten ist in jedem Fall konstruktiver als Anordnungen oder Verbote auszusprechen. Die Gedanken sind stärker mit der Auswahl beschäftigt, als mit einem möglichen Widerspruch. Hierdurch lässt sich bereits ein Großteil an Konflikten im Laufe des Tages reduzieren.

Konflikte während der Pubertät

Eine der konfliktträchtigsten Phasen im Leben von Eltern und Kindern ist bekanntlich die Pubertät. Es soll nicht näher auf neue Ergebnisse der

Gehirnforschung eingegangen werden, die belegen, dass sich in dieser Zeit das jugendliche Gehirn restrukturiert und somit ein Zustand von Chaos herrscht – das hat ohnehin schon jeder gewusst.

In dieser Lebensphase sind Konflikte unvermeidlich und prinzipiell wünschenswert, sie fungieren als Ausdruck von Autonomiebestrebungen. Sie tragen zu einer Säuberung und Erneuerung bei, die unbedingt notwendig ist. Denn wo kämen wir hin, würden sich Kinder brav nach elterlichen Vorstellungen entwickeln? Wie würde eine Welt aussehen, in der jeder nach vorgefertigten Ansichten leben würde? Würden gesellschaftlich bestehende Ansichten von Generation zu Generation kritiklos weitergegeben, herrschte Stillstand. Es gäbe keinerlei Weiterentwicklungen und Veränderungen.

Die Aufgabe Heranwachsender besteht darin, sich eigene Meinungen und Ansichten zu bilden. Deshalb müssen sie sich von ihren Eltern abnabeln. Dieser Prozess tut beiden Seiten gleichermaßen weh, auch wenn es häufig nicht so aussieht.
Jugendliche verfügen einfach über mehr Power als ihre „Alten“, und sie versuchen mithilfe dieser Kraft ihren Weg zu beschreiten. In keiner Lebensphase ist die Risikobereitschaft und Kreativität so hoch, wie in der Jugend.

Aus dieser Sicht ist es unverständlich und wirtschaftlich zweifelhaft, dieses Potenzial über einen lange andauernden Zeitraum in Schule und Ausbildung zu binden. Damit geht eine wirtschaftlich wertvolle Ressource im internationalen Wettbewerb verloren. Das Potenzial Jugendlicher ist in modernen Gesellschaften von Verantwortung entkoppelt. Ursprünglich schützende Gesetze schränken ihren Handlungsspielraum ein. Andere Kulturen feiern das Ende der Kindheit mit einem Initiationsritual, das mit der Aufnahme in den Kreis Erwachsener verbunden ist, mit zunehmender Freiheit bei gleichzeitig steigender Verantwortung. In modernen Gesellschaften sind Jugendliche von Erwachsenen stärker isoliert und orientieren sich an Gleichaltrigen. Aus dieser künstlich erzeugten Bremssituation entsteht zusätzliches Konfliktpotential.

Der Weg der eigenen Meinungsbildung kann nicht konfliktfrei verlaufen. Sagen Eltern „schwarz", muss der Jugendliche erst mal „weiß" sagen. Es gibt keine Garantie für einen Erfolg, denn sie wissen ja selber nicht, wohin es geht. Kinder sind als sogenannte Nesthocker vollständig abhängig von ihren Eltern. Wenn Eltern sich nicht um ihre Kinder (dies gilt für alle Arten von Familien) kümmern würden, hätten sie absolut keine Überlebenschancen. Neben Ernährung und körperlichem Schutz muss dem Nachwuchs eine Fülle sozialer Fähigkeiten und Verhaltensweisen vermittelt werden. Bei keinem anderen Lebewesen wird dazu nur annähernd so viel Zeit benötigt. Kindern muss vermittelt werden, was richtig ist und falsch, damit sie in einem komplexen Gesellschaftssystem existieren können. Zu Anfang erscheinen sie wie unbeschriebene Blätter. Um sich in der Welt orientieren zu können, sind sie von Bewertungen, Zuordnungen und Erklärungen ihrer Eltern abhängig und noch gar nicht in der Lage, sich ein eigenes Bild zu machen. Erst mit zunehmendem Alter können sie einen eigenen Blick entwickeln und Dinge hinterfragen. Heranwachsen findet im Rahmen einer Symbiose statt. Um Eigenständigkeit zu entwickeln, muss diese Symbiose durchbrochen werden. Dies kann nur dadurch erfolgen, dass die gegenseitige Bindung gelöst wird. Je länger und intensiver eine Bindung besteht, umso verwobener und verstrickter sind alle Beteiligten. Das macht den Prozess des Lösens so schwer und erfordert viel Kraft und manchmal auch Härte, den Weg erfolgreich zu beschreiten.

Werte und Normen Erwachsener müssen hierzu massiv in Frage gestellt werden. Bis eigene Ideen entstehen können. Und diese Ideen müssen erst auf ihre Tauglichkeit hin überprüft werden können.

Aus Schwarz wird Weiß, und erst allmählich kann daraus ein Grau entstehen. Hierzu sind Konflikte notwendig. Auch für Eltern: Denn auch sie müssen sich von einer Phase ständiger Zuwendung, Versorgung und Organisation lösen. Erst werden Erwachsene schlagartig aus der Eigenverantwortung gerissen und anschließend in die Verpflichtung zur Vollkaskoversorgung genommen. Nach etwa 14 Jahren werden sie dann weggescheucht wie ein plagendes Insekt. Genauso plötzlich sollen sie umschalten und sich gefälligst nur um ihre eigenen Angelegenheiten kümmern. Dieser krasse Schritt wird dadurch erleichtert, dass sich die lieben Kleinen zu echten Kotzbrocken entwickelt haben und ihre krassen Denk- und Verhaltensweisen Eltern richtig auf die Nerven gehen können. Dadurch können Gedanken entstehen, wie: „ ... *lasst mich bloß in Frieden!*" und tragen damit zum notwendigen elterlichen Abnabelungsprozess bei.

Erschwert wird dieser Abnabelungsprozess für Jugendliche dadurch, dass die „Alten" heutzutage häufig gar nicht mehr wirklich alt sind. Sie stehen mitten im Leben, sind oft sportlich aktiver als ihr Nachwuchs, haben einen ähnlichen Musikgeschmack, sprechen die gleiche Sprache, sind modebewusst und durchaus als attraktiv zu bezeichnen. Ihre Anlehnung an die Trends der

Jugend erschwert eine Abgrenzung. Indem sie die Lebensvorstellungen der Eltern ablehnen, müssten Jugendliche einen großen Teil der eigenen Lebensvorstellung negieren. Dadurch entsteht eine Zwickmühle. Eltern können sich im Prinzip freuen, wenn ihre Kinder sie peinlich finden.

Konflikte bedingt durch den Schulalltag

Wirft man einen Blick in heutige Klassenzimmer, kann mit Erstaunen eine Verdoppelung der Schülerzahlen beobachtet werden:
Gemeint sind die Schatten der Eltern, die im Verborgenen neben ihren Kindern erneut die Schulbank drücken. Auf die Frage hin, was gerade in der Schule durchgenommen wird, spulen sie, von den Seitenzahlen der Bücher angefangen, das komplette Detailwissen bis hin zum letzten Wort der Hausaufgaben ab.
Viel Ehrgeiz wird in die zu absolvierende Schulzeit des Nachwuchses gesteckt und damit auf einen erfolgreichen Abschluss gehofft. Familiäres Zusammenleben wird weitgehend von Schule bestimmt und bietet dadurch eine Vielzahl an Konflikten. Der Wunsch, dem Kind den besten Start ins Leben zu ermöglichen, konzentriert sich in erster Linie auf schulische Bereiche. Dabei wird bedauerlicherweise außer Acht gelassen, dass das

Leben viele Möglichkeiten und unterschiedliche Wege bereithält. Unser derzeitiges Schulsystem ist weder auf individuelle Belange und Bedürfnisse noch auf Begabungen Einzelner zugeschnitten.

Beim gesunden Menschen kann generell von Neugierde, der Grundantrieb zu lernen, ausgegangen werden. Sonst hätte sich die Menschheit nie weiterentwickelt und wäre immer auf dem gleichen Wissensstand stehen geblieben. Ein solider und breit gefächerter Bildungsstand soll keineswegs in Frage gestellt werden. Es kann nur nicht prinzipiell davon ausgegangen werden, dass sich jeder für alles in gleicher Weise interessiert. Diese Interessenunterschiede führen zu unterschiedlichen Ergebnissen. Wer also Mathe oder Deutsch nicht mag, wird folglich weniger Energie für diese Fächer aufbringen. Der Mensch ist ein ökonomisches Wesen und wird intelligenterweise versuchen, mit dem geringsten Aufwand das bestmögliche Ergebnis zu erzielen. Wenn es zugelassen wird! Das kann also durchaus bedeuten, dass ein Kind mit einer vier in Mathe oder Deutsch vollauf zufrieden ist.
Der falsch verstandene Ehrgeiz vieler Eltern kann ein „ausreichend" für die Bewertung ihrer Sprösslinge nicht akzeptieren. Häufig verbirgt sich dahinter mangelndes Vertrauen in die Fähigkeit des Kindes. Und hier beginnt das Dilemma:

Wenn Eltern häufig vermitteln, *„ich bin nicht zufrieden mit Deinen Leistungen"*, entsteht bei den Kindern das Gefühl, *„ich bin nicht o.k.". „Jetzt habe ich mir in diesem dämlichen Fach so viel Mühe gegeben, um wenigstens keine Fünf zu kriegen oder sitzenzubleiben, und habe es trotzdem nicht richtig gemacht. Was soll ich denn sonst noch machen?"*

Hieraus resultierende Unsicherheiten führen zu mangelndem Vertrauen in die eigenen Fähigkeiten. In der Folge wird künftigen Herausforderungen mit einem blockierten Urvertrauen begegnet. Das Erlebte wird dann auf dem Konto „Lernerfahrung" gespeichert und auf andere Situationen im Leben übertragen. Also letztendlich mit dem Gefühl, es sowieso nicht richtig machen zu können.

Bestehen familiäre Möglichkeiten sowie Eigenmotivation und Interesse, ist ein höherer Bildungsabschluss durchaus erstrebenswert. Ansonsten existiert in Deutschland eine Vielzahl an sinnvollen und praxisorientierten Möglichkeiten, sich auch nach einem Hauptschul- oder Realschulabschluss weiterhin zu qualifizieren. Es kann nicht davon ausgegangen werden, dass jeder Schüler seine Erfüllung und Entfaltung im Schulsystem findet.

Nach wie vor ist Schule kein Ort, der Talente zu Tage fördert.

Vielen Menschen fehlt der praktische Bezug während der Schulzeit, oder es mangelt an Interesse bzw. Motivation, sich mit weiteren Fremdsprachen, klassischer Literatur oder mit Naturwissenschaften intensiver auseinanderzusetzen. Die Regelschulzeit vermittelt einen breit gefächerten Grundstock, der im weiteren Leben jederzeit ausbaufähig ist. Heutzutage bedarf es sowieso ständiger Weiterbildung. Wenn aber Lernen als Grunderfahrung emotional negativ besetzt ist, hat dies weitreichende Folgen für jede Qualifizierung. Grundvoraussetzung für einen erfolgreichen Lernprozess ist, sich selbst zu Vertrauen, um Strategien entwickeln zu können, und seinen eigenen Weg zu finden. Dabei spielen Lernerfahrungen eine entscheidende Rolle und nicht der Notendurchschnitt.

Bedauerlicherweise werden Noten häufig mit Leistungsvermögen gleichgesetzt. Dabei gilt es genau zu differenzieren, was eine Schulnote letztendlich ausdrückt:

Was hat ein Schüler in einem Fach bei einem bestimmten Lehrer im Klassenkontext und innerhalb schulischer Rahmenbedingungen im Zusammenhang mit der häuslichen und persönlichen Situation geleistet?

Bei Bewertungen spielen so viele Faktoren eine Rolle: Mag ich das Fach, ist der Unterricht interessant? Sind sich Lehrer und Schüler sympathisch? Versteht der Schüler Fragen und Erklärungen des Lehrers? Was ist sonst noch alles während des Halbjahres im persönlichen Umfeld oder der Entwicklung passiert?

Deshalb lassen sich über Noten nicht zwingend Rückschlüsse über künftige Leistungen ableiten. Ein bekanntes Kinderspiel drückt aus, welche Leistungen ein Kind in allen Fächern erbringen müsste, um seine Schullaufbahn zu bewältigen: „Vier gewinnt".

Schule wird bereits von Grundschulbeginn häufig als Karriereschmiede verstanden. Dabei ist hinlänglich bekannt, dass Schule kein Ort ist, der Talente zu Tage fördert. Nebenbei gerät in Vergessenheit, dass sie einen Ort vielfältigen Lernens darstellt. Es gibt keinen nennenswerten Grund, dass Schulzeit auch einfach Spaß machen darf. Ohne unmittelbaren elterlichen Einfluss werden hier für das weitere Leben notwendige Erfahrungen gesammelt. Dazu gehören neben Allgemeinwissen vor allen Dingen erste Erfahrungen in Ökonomie:
Wie viel Einsatz muss geleistet werden, um ein bestimmtes Ergebnis zu erzielen? Welche Mittel

müssen dafür eingesetzt werden? Wie kann man sich am besten unsichtbar machen, wann sollte man sich jedoch besser zeigen? Wie können unnötige Konflikte umschifft werden und wann sind sie unausweichlich?
Also alles Fragen und Strategien, mit denen sich jeder von uns im Leben immer wieder auseinandersetzen muss. Wie viel Zeit der Einzelne hierfür braucht, ist individuell verschieden.

Erstaunlicherweise scheint heute davon ausgegangen zu werden, Kinder beherrschten diese Strategien bereits und bräuchten sie in der Schule nur noch anzuwenden. Aber wo sollen sie gelernt worden sein? Dieser Lernprozess ist naturgemäß, wie jeder Lernprozess, auch mit negativen Erfahrungen verknüpft. In der Folge können Klassenstufen durchaus freiwillig oder unfreiwillig wiederholt werden müssen, Schulwechsel erforderlich machen, oder Phasen mit schlechtem Notendurchschnitt nach sich ziehen. Kinder sollen darin unterstützt werden, ihren eigenen Weg zu finden. Nicht durch mehr elterliche Einflussnahme, sondern durch weniger. Die entscheidende Basis bildet das Vertrauen in ihre Fähigkeiten. Eltern haben eine wichtige beratende Funktion. Beraten heißt aber nicht bestimmen. Jeder Mensch muss seinen eigenen Weg herausfinden.

Das Thema Schule ist grundsätzlich mit Konflikten behaftet. Entscheidend ist, wie mit den Konflikten umgegangen wird. Deshalb sollen Eltern ihre Kinder bestmöglich dahingehend unterstützen, nicht im Strudel von Anforderungen, Ansprüchen, Vorwürfen und Selbstzweifeln unterzugehen. Am bestehenden Schulsystem können wir nichts ändern, wohl aber an der Betrachtungsweise.

Die wohlgemeinte und durchaus nachvollziehbare Haltung: „Aber ich will doch für mein Kind nur das Beste", ist für die Persönlichkeitsentwicklung von Kindern nicht immer förderlich. Das eigene Wollen wird dabei vor die Entwicklungsmöglichkeit des Kindes gestellt. Es scheint ein Versuch zu sein, eigene Versäumnisse nachzuholen und deckt sich häufig nicht mit den Veranlagungen der Kinder. Schließlich hat jeder das Recht auf „eigene Fehlentscheidungen". Es gibt unzählige Beispiele, auch von Prominenten, die trotz Schulschwierigkeiten, schlechter Noten oder im besten Fall Realschulempfehlung überaus erfolgreiche Karrieren bestritten haben. Bekanntester Vertreter hierfür ist Albert Einstein. Er war ein unkonventioneller und eigenbrötlerischer, und damit aus schulischer Sicht eher „schlechter" Schüler. Was wäre wohl aus ihm unter heutigen Lebensbedingungen geworden? Nobelpreisträger oder Hartz IV-Empfänger?

Erschreckend ist die steigende Anzahl von Kindern, die bereits im Grundschulalter unter Prüfungsängsten leiden. Hierbei ist zu unterscheiden zwischen „Lampenfieber" und lähmender Prüfungsangst. Ersteres ist ein völlig normaler Vorgang der Anspannung vor Erbringung einer außergewöhnlichen Leistung. Diese Anspannung erhöht die Leistungsfähigkeit und aktiviert durch Ausschüttung von Stresshormonen die Gehirntätigkeit. Ist der Stresspegel über diesen Bereich erhöht, wird jedoch Gehirntätigkeit reduziert, also blockiert. Die Toleranzgrenze bewegt sich auf einem schmalen Grat. Generell ist „Lampenfieber" vor Arbeiten und Prüfungen durchaus legitim. Lähmende Prüfungsangst hingegen kontraproduktiv. Eltern können sich fragen, woher diese Ängste stammen. Ist die Erwartungshaltung an das Kind zu hoch? Entwickelt es den Druck selber, oder wird er von Eltern, Lehrern oder Mitschülern erzeugt? In jedem Fall ist Prüfungsangst keine Folge von Prüfungen. Sie entsteht, wenn im Umgang mit reellen Anforderungen die notwendigen Lösungsstrategien, sozialen Kompetenzen und emotionale Sicherheit nicht oder nur teilweise zur Verfügung stehen.

Die Auswahl der Schulform nach der Grundschule spielt bei möglichen Konflikten eine große Rolle. Das dreigliedrige Schulsystem, beginnend nach der 4. Klasse, generiert unnötige Probleme.

• *Eine Einteilung nach möglichen Fähigkeiten und Interessen eines Kindes im Alter von 10 Jahren ist häufig zu früh.*

• *Der geschützte und geborgene Rahmen der wohnraumnahen Grundschule geht zu früh verloren. Das behütete Umfeld bietet eine Lernatmosphäre, die Schülern unterschiedlicher Herkunft konstruktives Arbeiten ermöglicht. Konflikte halten sich in einem überschaubaren Rahmen, die in der Anonymität der größeren weiterführenden Schulen schwerer lösbar sind.*

• *Die derzeitige Bezeichnung der Schulformen beinhaltet bereits eine Wertigkeit. Diese wirkt sich auf die Perspektive aus und kann schnell zu einer selbsterfüllenden Prophezeiung werden. Hauptschulen haben völlig zu Unrecht einen schlechten Ruf. Wie bereits mehrfach öffentlich diskutiert, wäre eine Umbenennung, z.B. in „Berufsorientierte Schule", sinnvoll. Weil Bildungszweige per Definition bereits abgewertet werden, streben Eltern häufig einen höheren Bildungsweg an, auch wenn Kinder nicht über die notwendige Eignung verfügen.*

Das Hessische Kultusministerium drückt die unterschiedlichen Schulformen folgendermaßen aus:

- *Hauptschule: vermittelt Allgemeinbildung und bereitet auf die Berufs- und Arbeitswelt vor*

- *Realschule: vermittelt lebensbezogene Allgemeinbildung und versetzt Schüler in die Lage, ihren Bildungsweg in berufs- und studienqualifizierende Bildungsgänge fortzusetzen*

- *Gymnasium: vermittelt vertiefte allgemeine Bildung und umfassende Persönlichkeitsbildung*

Die Annahme ist unzutreffend, dass in erster Linie Intelligenz das entscheidende Kriterium für die Schulwahl ist. So erfordert beispielsweise gymnasiales Lernen darüber hinausgehend weitere Kompetenzen. Ein Schüler sollte daran interessiert sein, sich neben zwei erforderlichen Fremdsprachen intensiv mit einem vielfältigen Stoffangebot auseinanderzusetzen, das für das praktische Leben nicht zwingend erforderlich ist. Dazu gehören eine hohe Frustrationstoleranz und Mut zur Lücke, da es den Wenigsten gegeben ist, in Philosophie ebenso gut zu sein wie in Mathe, Deutsch und Chemie und mindestens zwei Fremdsprachen. Außerdem sind Überblick und Weitsicht sowie selbstständiges und eigenverantwortliches Lernen erforderlich: Wann muss was notwendigerweise gemacht werden. Das Erlernen dieser Herangehensweise ist Zielsetzung von Gymnasien, die Schüler ja auf ein Studium vorbereiten sollen. Diese weniger praxisorientierte Form des Lernens dient vor allem der Verarbeitung und Selektion vieler Informationen, und muss nicht jedem Kind liegen. Auch wenn eine hohe Intelligenz vorliegt.

Diese Unterschiede werden bedauerlicherweise nur unzureichend berücksichtigt und Kindern häufig eine -für sie unbefriedigende Schulform aufgezwungen. Oftmals entwickelt sich das Interesse zu lernen erst im Jugendalter und nicht schon mit 9 Jahren, dem Alter, in dem Schuleinteilungen in den meisten Bundesländern vorgenommen werden. Nach einem bestandenen Schulabschluss stehen alle Wege zu einem höheren Bildungsabschluss offen. Sofern Interesse und Eigenmotivation vorhanden sind, und nicht durch unnötige Frustration verloren gegangen sind. Jeder weiß doch aus eigener Erfahrung: Wer etwas unbedingt erreichen will, setzt alles dafür ein.

Viele Grundschulen sprechen -auch auf elterlichen Druck hin zu viele Empfehlungen für Gymnasien aus. Die Allgemeine Hochschulreife erwerben jedoch längst nicht alle Schüler.

Eine nicht zu unterschätzende Schülerzahl bricht das Gymnasium vorher ab, oder zieht die Schulzeit unnötig in die Länge. Wäre es nicht wesentlich sinnvoller, Stufen in abgeschlossenen Etappen zu erklimmen, als einen Sturz von oben nach unten in Kauf nehmen? Mit der möglichen Folge, am Ende überhaupt keinen Schulabschluss zu besitzen.

Im Gegensatz zu ihren Kollegen sind Gymnasiallehrer pädagogisch nur unzureichend auf die vielfältige Problematik bei Schülern ausgebildet. Die Qualität des Unterrichts leidet darunter, wenn ein Viertel der Klasse unter Mühe und mit viel Einsatz, auch von Eltern, durchs Schuljahr geschleppt werden muss. Dadurch wird ein wesentlicher Bestandteil gymnasialen Lernens verhindert, der Raum ermöglichen soll, sich intensiv mit Themen auseinanderzusetzen, zu diskutieren und Sachverhalte zu hinterfragen.

Zusammenfassend
lässt sich Folgendes festhalten

Ein Trugschluss entsteht durch die Annahme, viel bringt viel. Quantität erzeugt jedoch nicht zwingend Qualität. Kinder dürfen ruhig verschiedene Angebote ausprobieren. Sie stehen ebenso wie Erwachsene vor der Qual zur Wahl. Aber irgendwann kommt der Zeitpunkt, an dem ihre Stärken erkennbar sind und eine Entscheidung hilfreich für ihre Weiterentwicklung ist. Als Kriterium für eine Entscheidung dienen Anlage und Begabung. Ein Kind, das viel Rennen nicht ausstehen kann, wird beim Fußballspielen selten besondere Erfolgserlebnisse erzielen. Wem Wasser zu nass ist, wird kein motivierter Schwimmer. Eltern sollten ihre Kinder dahingehend unterstützen, die für sie geeignete Betätigung zu finden. Dann ist es sinnvoll, sich voll und ganz darauf zu konzentrieren. Ansonsten ist ein Einlassen auf eine Tätigkeit nicht möglich. Sich einzulassen bedeutet, mit allen Konsequenzen, Höhen und Tiefen. Ansonsten erhalten Betätigungen den Anstrich von Konsum, nach dem Motto: Überall ein bisschen mitnehmen kann ja nicht schaden. Durch reines Konsumverhalten werden aber entscheidende Erfahrungen verhindert, die Kinder nicht nur für die Bewältigung des Schulalltags benötigen. Aus der Fähigkeit, sich einlassen zu können, entstehen wichtige

Lernerfahrungen. Hierzu zählt eine hohe Frustrationstoleranz. Der heutige Alltag bietet Kindern seltener Gelegenheit, sich an etwas die „Zähne ausbeißen" zu können. Die Folge davon ist, dass Kindern häufig die Bereitschaft fehlt, sich auch mal durch etwas durchzubeißen. Strategien zu entwickeln, wie zu einem gewünschten Ergebnis gelangt werden kann und das nötige Durchhaltevermögen aufzubringen. Hierauf wird in Kapitel 8 näher eingegangen.

Aus dem ökonomischen Wandel ergeben sich völlig andere Lebensanforderungen. Früher musste Holz erst gehackt, Wasser vom Brunnen geholt und Fleisch erst erlegt werden. Alle Dinge des täglichen Bedarfs mussten mühsam hergestellt werden. Modernes Leben dagegen ist weitgehend entkörperlicht. Der Tagesablauf wird vor allen Dingen von geistigen Arbeitsprozessen bestimmt. Übrig geblieben ist die Jagd auf Schnäppchen und Sonderangebote. Dieses Wissen um die menschliche Natur hat sich eine Branche zu eigen gemacht und daraus einen lukrativen Wirtschaftszweig entwickelt. Erfolgreich ist, wer zuerst zuschnappt. Ansteigendes Aggressionspotential ist aus dieser Betrachtung heraus nicht verwunderlich. Triebbefriedigung hat sich verändert; vom Überlebenstrieb zur Arterhaltung, zur Befriedigung von Konsumwünschen.

Möglicherweise liegt hierin der Motor, immer ein neues Schnäppchen jagen zu wollen, um dadurch ein Gefühl von Befriedigung zu erzeugen.

Mittlerweile ist es ein Allgemeinplatz, dass wir in einer Konsum- und Wegwerfgesellschaft leben. Unabhängig von Müllbergen und Ressourcenverknappung ergibt sich daraus ein veränderter Anspruch in puncto Haltbarkeit. Was nicht funktioniert, wird eben weggeschmissen. Diese Bewertungsmaßstäbe fließen auch ins Zusammenleben ein und haben zwangsläufig Einfluss auf unser Miteinander und die dazu gehörenden Konflikte. Bei Nichtfunktionieren wird ausgetauscht. Menschliche Beziehungen laufen zunehmend Gefahr, in den Kreislauf von Konsum und Wegwerfgesellschaft zu geraten.

Anhand einiger typischer Beispiele ist deutlich geworden, wie viel Konfliktpotential im Alltag lauert. Vieles ist hausgemacht und somit vermeidbar. Anderes hingegen ist es wert, sich damit auseinanderzusetzen. Im folgenden Kapitel wird beschrieben, wie Wahrnehmungsprozesse Konflikte maßgeblich beeinflussen.

6.

Was ist denn nun richtig?

Im vorigen Kapitel ging es um die Betrachtung von Konflikten. Nachfolgend wird beschrieben, wie sie ausgelöst werden. Denn ohne das, was wir wahrnehmen, können erst gar keine Konflikte entstehen.

Ist das Glas nun halb voll oder ist es halb leer? Objektiv betrachtet ist beides richtig. Der Unterschied jedoch gravierend. Die unterschiedliche Betrachtungsweise ergibt sich aus der eigenen Wahrnehmung. Und diese ist individuell verschieden. Natürlich ist Wahrnehmung auch stark abhängig vom kulturellen und gesellschaftlichen Kontext. Sie schafft einen Rahmen und eine Struktur, innerhalb derer gesellschaftliches Leben stattfinden kann. So kennen Inuit etwa 30 unterschiedliche Bezeichnungen für den Zustand gefrorenen Wassers, deren Unterscheidung für ihr Überleben von großer Bedeutung ist. Bei uns ist dieser Begriff mehr oder weniger unter der Bezeichnung „Schnee" geläufig.

Es gibt aber auch einen Wahrnehmungsstil, der in Folge persönlicher Lebenserfahrung entsteht. Dieser hat einen entscheidenden Einfluss darauf, wie wir unsere Umwelt wahrnehmen und aus dieser Betrachtungsweise heraus reagieren.

Und dieses von Erfahrungen geprägte Erleben entscheidet darüber, ob das Glas nun halb voll oder leer ist.

Aus der Wahrnehmung erfolgt eine Bewertung. Mit diesem „Bild" im Kopf wird der Umwelt gegenübergetreten. Und ist es erst einmal vorhanden, wird es schwer, sich davon wieder zu lösen. Das „Bild" im Kopf des Gegenübers sieht aber vielleicht ganz anders aus. Hierin liegt der Nährboden für Konflikte, die von der Sache her gar keine Konflikte sind. Erst durch die „Verbildlichung" werden sie dazu gemacht. Sinnvoller wäre, erst einmal herauszufinden, wer welche „Bilder" sieht. Über den Abgleich ließe sich feststellen, ob überhaupt ein Konflikt vorliegt. In vielen Fällen ist das nämlich gar nicht der Fall. So kann viel Kraft gespart werden, die dann bei reellen Konflikten notwendig ist und hierfür gebraucht wird.

Unsere Wahrnehmung ist die ganze Zeit in vollem Einsatz. Ständig und überall muss eingeordnet, zugeordnet und sortiert werden. Auch „Tratschen" und „Klatsch" über andere gehören dazu. Sie helfen dabei, Situationen schneller einzuordnen und erleichtern damit eine Orientierung. Unser Gehirn wäre hoffnungslos überfordert, würde jeder Eindruck vollständig erfasst und als neuwertig verarbeitet. Diese Reizüberflutung würde ein Funktionieren im Alltag unmöglich machen. Damit einhergehend werden schnell Bewertungen über andere getroffen. Jeder sollte sich dessen bewusst sein, dass „Tratschen" lediglich der Vereinfachung und Zuordnung dient und fälschlicherweise als unverrückbar angesehen wird. Bedauerlicherweise wird das einmal getroffene Meinungsbild zu schnell als Tatsache akzeptiert. Deshalb sollte Tratsch keine allzu große Bedeutung beigemessen werden. Die Offenheit gegenüber der Wahrnehmung anderer sollte darüber nicht verloren gehen. Diesen Respekt verdient jeder Mensch aufgrund seiner einzigartigen Persönlichkeit.

Die eigene Wahrnehmung ist entscheidend, wie offen wir auf unsere Umwelt und Mitmenschen reagieren. **In uns selbst liegt die Möglichkeit, sich so auszutauschen, dass jeder sein Gesicht wahren kann. Ein großer Teil an Verletzungen,**

Wut und Kränkungen würde erst gar nicht entstehen und in Folge aggressives Reagieren unnötig werden lassen. Denn abgesehen von heutzutage verhältnismäßig seltenen Situationen, in denen es ums nackte Überleben geht und der Aggressionstrieb mit seinem Kampf-/ Fluchtschema absolut notwendig ist, erfolgt das „Zuschnappen" häufig aus einer Hilflosigkeit heraus, die daraus entsteht, eine Situation nicht einordnen zu können.

Gibt es Unterschiede zwischen Wahrnehmung und Verstand? Im Laufe der Zeit wurde immer wieder sinngemäß die Frage diskutiert, ob der Mensch ein vernunftbegabtes Wesen ist. Die Fähigkeit zu denken ist an Wahrnehmung geknüpft. Ohne Wahrnehmung kann kein Denken entstehen. Die Realität bestätigt immer wieder, dass Vernunft nicht die entscheidende Triebkraft ist. Gerade in extremen Situationen beweisen Menschen ihr irrationales Handeln. Seien es alltägliche Konfliktsituationen ebenso wie kämpferische Auseinandersetzungen. Hier setzt die evolutionäre Überlebensstrategie ein: Nur der Stärkere kann überleben.

Es wird zwischen unbewusster und bewusster Wahrnehmung unterschieden. Sämtliche Instinkte, Triebe und Körperfunktionen werden vom Unbewussten gesteuert. Aus dem einfachen Grund, da sie für unser Überleben unerlässlich sind. Bislang hat noch kein Mensch geschafft, seine Atmung dauerhaft zu kontrollieren oder sein Herz am Schlagen zu hindern. Auch Niesreiz oder Brechreiz lassen sich mithilfe des Verstandes nicht wirklich unterdrücken. Der Aggressionstrieb funktioniert auch über die unbewusste Wahrnehmung, solange er nicht Folge eines geplanten Handelns und zielgerichtet eingesetzt wird. Ausgelöst werden Impulse über unsere Wahrnehmung. Nur ein Teil des Wahrgenommenen wird an unseren Verstand weitergeleitet. Da das Gehirn nicht jede Situation vollständig neu erfassen kann, greift es auf Ähnlichkeiten zurück. Das sind sogenannte erlernte Verhaltensmuster. Auf diese wird in ähnlichen Situationen zurückgegriffen. Dies ermöglicht jedoch, generelle Verhaltensmuster zu verändern Denn es handelt sich nicht um scheinbar unendlich viele unterschiedliche Situationen.

Heutiges Leben wird von permanenter Reizüberflutung bestimmt. Wahrnehmungen wie Hilflosigkeit, Wut, Angst und Trauer werden in einen Topf geworfen. Aus Unsicherheit erfolgen Reaktionen häufig mit den Verhaltensmustern des Aggressionstriebs. Das heißt, entweder durch Rückzug oder Angriff. Ersteres findet im Verborgenen statt und zeigt sich nach außen hin wenig beeinträchtigend. Für den Betroffenen jedoch bedeutet häufiger Rückzug, dass sich das entstandene Aggressionspotential nach innen richten kann. Diesen Teufelskreis gilt es zu durchbrechen. Dazu muss Wahrnehmung differenzierter beachtet werden. Zum Beispiel auf Angst vor Veränderung muss nicht mit den Verhaltensmustern des Kampf-/Fluchttriebs reagiert werden. In einer Gefahrensituation hingegen schon. Es ist wichtig, ein Gespür für die eigene Wahrnehmung zu entwickeln, um Verhaltensweisen nicht von Anfang an zu blockieren.

Wenn ich weiß, dass ich auf Neues immer mit Fluchtgedanken reagiere, dann wird klar, dass ich veränderten Situationen, die ja auch immer eine Chance zum Besseren bieten, nicht offen und unvoreingenommen entgegentreten kann. Die Gefahr besteht, in Altem zu verharren und Entwicklungsmöglichkeiten von vorne herein auszuschließen.

Wenn ich Angst als Muster kenne, muss ich mich vor meinem Verhalten nicht auch noch zusätzlich fürchten. Ich kann zulassen, dass mich Neues überfordert. Punkt! In diesem Moment ist man bei sich, auch wenn Außenstehende die Situation anders bewerten. Nur in mir selbst liegt die Möglichkeit, mein Verhalten zu verändern.

Die Voraussetzung hierfür ist, dass ich mein Verhaltensmuster erst einmal annehme. Das bedeutet, es als Tatsache akzeptiere. Wie auch immer es zu diesem Muster gekommen ist, die Ursache liegt in meiner erlebten Wirklichkeit begründet und verdient es, als solche respektiert zu werden. Wenn also wieder das Gefühl von Angst vor Neuem auftaucht, erkenne ich das Muster und versuche, innezuhalten. Ganz tief Luft holen, umherlaufen oder etwas ganz anderes tun sind Strategien, eine Blockade zu lösen. Erst dann kann ich mich dem eigentlich Neuen zuwenden und verschiedene Aspekte abwägen. Um eine befriedigende Entscheidung zu treffen, müssen erst alle Seiten beleuchtet werden. Denn blockiert sein heißt, nur einen Teilbereich wahrnehmen zu können.

In modernen Gesellschaften wird davon ausgegangen, dass alles steuerbar und kalkulierbar ist. Dabei handelt es sich um einen Trugschluss, der dadurch verstärkt wird, dass scheinbar alle Lebenszusammenhänge wissenschaftlich ergründet wurden. **Menschliches Handeln ist aber nach wie vor stark von evolutionsbiologischen Abläufen geprägt.** Dessen müssen wir uns bewusst werden. So funktioniert z. B. die Partnerauswahl viel stärker nach genetischen Kriterien als dem Verstand lieb ist. Genetisch wird der größtmögliche Gegenpol gesucht, um inzestuöse

Fortpflanzung auszuschließen. Nach dem Motto: Gegensätze ziehen sich an. Verstandesbedingt funktionieren Partnerschaften aber besser nach dem Prinzip: Gleiches zu Gleichem gesellt sich gern. Es ist der Evolution aber völlig egal, ob eine dauerhaft harmonische und erfüllende Partnerschaft geführt werden kann, oder eine konfliktreiche und aufreibende. Der einzige Sinn von der Vereinigung zwischen Mann und Frau liegt in der Verbreitung bestmöglicher Gene.

Diesen Widerspruch zwischen Gefühl und Verstand müssen wir Menschen leben. Die Mechanismen lassen sich ja auf viele Lebensbereiche übertragen. Wenn klar ist, dass manche Verhaltensmuster unabänderlich sind, kann man sich die Kraft und Energie sparen, diese bekämpfen zu wollen und die Energie lieber in Bereiche investieren, in denen Einflussnahme möglich ist. Es nutzt nichts, aufreizend vor Männern zu tanzen und von ihnen zu erwarten, dass sie ihren Sexualtrieb abschalten und stattdessen lieber intellektuelle Gespräche führen wollen. Auch wenn Erziehung der letzten Jahre den Eindruck erweckt hat, über Vernunft ließe sich alles steuern. Diese Illusion erzeugt eine Erwartungshaltung und somit inneren Druck, richtig handeln zu müssen. Es geht aber nicht um richtig oder falsch, sondern darum, was der Einzelne in diesem Moment wahrnimmt.

Gleiches gilt auch für geschlechtsspezifische Wahrnehmung und daraus resultierend unterschiedliche Kommunikationsstile. Männer und Frauen nehmen ihre Umwelt aufgrund genetischer Disposition unterschiedlich wahr. Auch wenn die Gleichberechtigungsbewegung einen anderen Eindruck vermittelt hat. Daraus entstehen zwangsläufig Konfliktsituationen, als würden Männer und Frauen völlig unterschiedliche Sprachen sprechen. Viele Konflikte zwischen den Geschlechtern basieren auf diesem Missverständnis.

Für das von Individualität geprägte Leben der Moderne ist es von großer Bedeutung, eigene Emotionen differenziert wahrzunehmen und in Kommunikation einzubeziehen. Nur wer deutlich ausdrückt was er fühlt, gibt dem Umfeld eine Chance, entsprechend reagieren zu können. Dadurch werden Enttäuschung und Frustration vermindert. Langfristig könnten viele stressbedingte Erkrankungen sowie Verhaltensauffälligkeiten vermieden werden.

Im Gegensatz zu früher findet der Einzelne heute weniger Halt im gesellschaftlichen und religiösen Rahmen. Deshalb müssen sich Menschen stärker auf sich selbst besinnen und Fragen des Lebens individuell lösen. Es ist wesentlich einfacher an Himmel und Hölle zu glauben und sein

Leben diesen Regeln zu unterwerfen, als selbst einen Sinn zu finden und das Leben damit zu füllen.

Zu den wichtigsten Kernkompetenzen zählen: Entscheidungen treffen, Veränderungen akzeptieren sowie andauernde Lernbereitschaft. Sie sind Bestandteil des Alltags, sei es im Beruf oder im Privatleben.

Entscheidungen

Neben tatsächlich existenziellen und gravierenden Entscheidungen müssen heute täglich „Luxusprobleme" gelöst werden: Täglich muss über standesgemäße Bekleidung entschieden werden. *„Beißen sich die Socken mit den Schuhen?" „Hatte ich diese Kleider nicht erst vorgestern an?" „Was koche ich heute wieder zu essen?" „Unternehmen wir abends lieber dies oder das, oder vielleicht doch etwas anderes?" „Welcher Kurs ist für mein Kind der bessere?" „Welche Weiterbildung bringt mich beruflich weiter, Englisch oder Computerkurs?" „Verbringen wir den Urlaub in Spanien, Italien oder doch lieber in Griechenland?" „Welches Angebot ist denn nun das günstigste, a, b oder c?"* Allesamt Entscheidungen, deren Luxus sich Menschen in Entwicklungsländern oder unsere Vorfahren gar nicht leisten konnten. Es gab Alltags- und Sonntagskleider. Viele Kinder trugen die probate Lederhose. Diese musste ab und zu mal ausgeklopft werden und fertig. Somit entfielen Sorge und Aufwand um ständig verschmutzte Kinderkleidung und nebenbei Konflikte mit den Sprösslingen, die nicht andauernd zur Vorsicht gemahnt werden mussten Es wurde gegessen, was gerade verfügbar war. Einmal angeschaffte Möbel mussten ein Leben lang halten und unterlagen nicht ständig wechselnden Trends und Stilen. Und über Urlaubsziele musste schon gar nicht großartig nachgedacht werden. Diese Lebensvielfalt erfordert ein ständiges Sich-Auseinandersetzen-Müssen und Abwägen. Und damit ein enormes Potential an Energie.

Veränderungen

Natur und Naturgewalten zwangen uns immer wieder zu Veränderungen. Ansonsten verliefen Lebensverläufe früher weitgehend beständiger und vorhersehbarer. Neben einer Vielzahl zu fällender Entscheidungen muss sich heute Veränderungen in immer kürzeren Intervallen angepasst werden. Modernes Leben bedeutet in jeder Beziehung Beschleunigung. Diese Situationen können enormes Stresspotential erzeugen. Unter Stress schaltet das Gehirn auf den Verteidigungsmodus,

d. h. Kampf-/Fluchtreaktion. Die erwarteten Verhaltensweisen heutiger Gesellschaften erfolgen jedoch nicht über körperliche Reaktionen.

In Schulklassen ist es beispielsweise durchaus üblich, die Sitzordnung in regelmäßigen Abständen zu verändern. Das hat den Vorteil, dass alle Schüler einer Klasse zur Zusammenarbeit angehalten werden. Auf diese Weise werden Schüler an Teamfähigkeit herangeführt und ihr Sozialverhalten gestärkt. Auf der anderen Seite reagieren Menschen auf Veränderungen mit der Verhaltensbandbreite des Verteidigungsschemas. Das bedeutet, dass das eigene Terrain erst einmal abgesteckt werden muss und eine neue Organisation des Arbeitsumfelds stattfindet. Dies erfordert einige Zeit und führt zu Unruhe, bis jeder seinen Platz gefunden hat. Wenn dann endlich Ruhe eingekehrt ist, werden die Plätze wieder getauscht. Hieran wird deutlich, wie sich ein positiver Ansatz ins Gegenteil verkehren kann. Es wird ständige Unruhe und Unsicherheit erzeugt, die sich letztlich auf die Arbeitsfähigkeit auswirkt. Schaltet das Gehirn auf Verteidigungsmodus, also auf die Funktionen des Stammhirns, sind neuronale Vernetzungen zu den anderen Gehirnregionen blockiert. Der Informationsfluss wird dadurch erschwert und kann zu Aggressionen, starker Unruhe, Konzentrationsschwäche und mangelnder

Motivation führen. Von Kindern wird selbstverständlich erwartet, dass sie sich ohne sichtbare Reaktionen Veränderungen anpassen.

Lernbereitschaft

Die Fähigkeit zu lernen hat sich bisher weitgehend auf Schule und Ausbildung beschränkt. Aufgrund ständiger Entwicklung ist Weiterbildung neben Ausbildung notwendiger Bestandteil moderner Lebensanforderungen. Negative Lernerfahrungen beeinflussen die Lernbereitschaft nachhaltig und haben Einfluss auf jede Form von Lernprozess. Wenn Schule also nachhaltig mit stressbesetztem Lernen assoziiert wird, hat das auf den weiteren langen Berufsweg kontraproduktive Auswirkungen. Die Bereitschaft, sich auf Neues einzulassen sinkt und hemmt die persönliche Weiterentwicklung.

Einerseits distanzieren wir uns gesellschaftlich von autoritären Strukturen, andererseits fördert unser Sprachgebrauch und die Arbeitswelt Aggressivität. Dieses Wissen machen sich viele Werbekampagnen zu Nutze. Schnäppchenjagd kommt von schnappen, d. h. zubeißen.
Erfolgreich ist, wer zuerst kommt, oder, wer zu spät kommt, den bestraft das Leben. Der Alltag sowie Sprache und Gepflogenheiten sind über-

füllt mit Andeutungen, die ganz klar erkennbar machen, welche Verhaltensweisen zum gesellschaftlichen Erfolg beitragen. *„Sofort anrufen unter ...", „Jetzt zugreifen ...", „Ich bin doch nicht ..."*, und dergleichen mehr. Aber wem gefällt es schon, wenn die Kommunikation vom Befehlston bestimmt wird?

Heute ist „gewinnen" weitgehend ohne körperlichen Einsatz möglich. Früher musste ein Sieg hart erkämpft und eine Niederlage körperlich ausgehalten werden. Wo findet heute der Spannungsabbau statt? Die Zunahme aggressiven Verhaltens entsteht auch durch ein Missverhältnis zwischen Spannungsaufbau und Spannungsabbau. Also: Getrost mal ein Schnäppchen ausfallen lassen. Der Gewinn ist deutlich höher, als der scheinbare finanzielle Verlust.

Der durch Ökonomie geprägte Erziehungsstil entspricht der linearen Denkstruktur. Das bedeutet eine ständig fortschreitende, sich nicht wiederholende und einmalige Entwicklung. In Folge verleugnen Frauen einen wesentlichen Bestandteil ihrer weiblichen Fähigkeiten und versuchen, männlich zu handeln. Gleichzeitig werten sie männliche Verhaltensweisen bei Männern ab und fordern von ihnen weibliche Fähigkeiten, die sie bei sich selbst unterdrücken. In dieser völlig

verdrehten Situation, „Müslimann und Power-
frau", sieht Koneberg eine mögliche Ursache für
die steigende Anzahl Singles. Diese Geschlech-
terumkehr hat zur Folge, dass Frauen Schwierigkeiten damit haben, sich in ihrer Rolle als Frau
anzunehmen. Sie haben ein Stück weit das Vertrauen in ihre natürlichen Fähigkeiten verloren.
Zu vertrauen, ein Kind auf natürlichem Wege auf
die Welt zu bringen und Schmerzen ohne Betäubung aushalten zu können. Zu vertrauen, ihr Kind
aus eigener Kraft nähren zu können. Dies wirkt
sich letztendlich auf das grundsätzliche Vertrau-
en aus, einem Kind den besten Start ins Leben zu
ermöglichen. Fehlt dieses Vertrauen in die eigenen Fähigkeiten, ist eine Orientierung an anderen
häufig die Richtschnur für den Erziehungsstil.

Ein möglicher Weg aus dieser Zwickmühle besteht darin, Gegensätze in ihrer Untrennbarkeit
anzunehmen und die Fähigkeiten des Anderen zu
akzeptieren. Also Verhaltensweisen des anderen
Geschlechts nicht durch die Brille der eigenen
Wahrnehmung, zu bewerten.

Dieser Grundsatz gilt für alle Lebensbereiche. Jeder Mensch sollte sich der Verantwortung
für sein eigenes Leben bewusst sein. Und seine
Wünsche und Bedürfnisse nicht immer auf andere übertragen und davon abhängig machen.

Die Grundvoraussetzung hierfür ist ein Gespür
für die eigene Wahrnehmung. Nur wer seine Bedürfnisse kennt, kann sie auch hegen und pflegen.
Nichts ist frustrierender, als ständig verpassten
Gelegenheiten nachzutrauern.

7.

Familie als Übungsfeld
für das ganz normale Leben

Seit Längerem nehmen Lernstörungen und
Wahrnehmungsstörungen bei Kindern zu. Die
Diagnose für ein ADS-Syndrom oder Lese-/
Rechtschreibschwäche wird immer häufiger gestellt. Davon sind aber nicht nur die entsprechen-
den Kinder betroffen, sondern auch ihre Mitschüler. Und natürlich ihre Familien sowie die
Lehrkräfte, die teilweise völlig überfordert sind.
Hinzu kommt noch das schlechte Abschneiden
bei der PISA STUDIE. Und schon sind blindem
Aktionismus Tür und Tor geöffnet. Hektisch
wird hier und dort ein bisschen rumgeschustert,
ohne prinzipiell zu überlegen, woher die Schwierigkeiten von Grund auf stammen. Die daraus resultierende Botschaft vermittelt allen Beteiligten
letztendlich eines: Mal wieder versagt zu haben.

Anstelle zu entzerren wird einfach zusätzlich der Druck erhöht.

Institute für Nachhilfe sind mittlerweile an jeder Straßenecke zu finden. Wöchentlich überweisen Eltern über 22 Millionen Euro an Nachhilfelehrer. Die Vermarktung von Lernmaterialien und Fachliteratur weist seit Jahren zweistellige Zuwachsraten auf. Und die Verordnung des Medikaments Ritalin ist längst kein Ausnahmefall mehr. Häufig wird die Auffassung vertreten, Probleme würden erst bei Schulantritt auftauchen. Doch das ist ein Trugschluss.

Ein ebenso zentrales Thema moderner Gesellschaften ist die Impulssteuerung. Konsumgesellschaften vermitteln uns, dass alles jederzeit und überall verfügbar ist. Dergestalt werden auch die Bedürfnisse der Kinder erfüllt. Wenn Bedürfnisse nicht gleich gestillt werden, führt das schnell zu Frustration. Immer häufiger ist zu erleben, dass Kinder in diesem Omnipotenz-Verhalten, das phasenweise vollkommen zur normalen Entwicklung gehört, gefangen bleiben.

Dieses Verhalten wird durch Erziehung verstärkt, einerseits aus der Schwierigkeit heraus, dem Angebot etwas entgegenzusetzen, andererseits aus Bequemlichkeit und schlechtem Gewissen.

Wer sich nicht zurücknehmen kann, also Schwierigkeiten hat, seine Impulse zu steuern, wird die Auswirkungen in vielen Lebensbereichen spüren. In der Schule wirkt sich eine blockierte Impulssteuerung auf Lesen und Schreiben aus, bis hin zur häufig diagnostizierten Lese-/Rechtschreibschwäche. Weiterhin ist das Konzentrationsvermögen erschwert. Auch fällt der Umgang mit Konflikten deutlich schwerer und kann zu Beziehungsproblemen führen, bis hin ins Erwachsenenalter.

Entwicklung zur Lernfähigkeit

Bis ein Kind die "Schulreife" besitzt, muss sein Gehirn eine Fülle an Fähigkeiten und Fertigkeiten erlernt haben. Darüber hinaus muss es über einen Erfahrungsschatz verfügen, diese Fertigkeiten anzuwenden. Der geniale Bauplan des gesunden Menschen beinhaltet aufeinander aufbauende Entwicklungsstufen des Gehirns, die für Aufnahme und Verarbeitung von Daten eine notwendige Grundlage bilden. Die für uns heute so selbstverständlichen Kulturtechniken, wie Lesen, Schreiben und Rechnen, sind entwicklungsgeschichtlich betrachtet erst jüngeren Datums und erfordern eine komplexe neuronale Vernetzung des Gehirns. Im Normalfall entwickeln sie sich über

den Ablauf natürlich vorgegebener Bewegungs-
abfolgen vom Säugling über das Kleinkindstadi-
um bis hin zum Schulkind. Die Entwicklung der
„Ausstattung" stellt jedoch nur einen Aspekt der
Schulfähigkeit dar.

Ergänzend dazu benötigen Kinder zum Lernen
soziale Kompetenzen, die sie durch Übung und
Wiederholung erproben. Jeder Lernprozess ist
stark mit Emotionen verknüpft, die auf erlebte
Erfahrungen aufbauen und über künftiges Handeln entscheiden. Ein Lernprozess besteht aus
folgenden Elementen:

• *Wie gehe ich an eine Aufgabe heran?*

• *Welche Lösungsmöglichkeiten stehen mir zur
Verfügung?*

• *Was mache ich, wenn es nicht gleich klappt?*

Hierbei spielen Alter und Lernkontext keine
Rolle. Lernkompetenzen sollten jedem Menschen
überall und zu jeder Zeit zur Verfügung stehen.
Besonders im Hinblick auf das heute erforderliche lebenslange Lernen.

Wenn dann innerhalb der ersten Schuljahre
scheinbar plötzlich Probleme auftauchen, ist die

Verwirrung groß und letztendlich weiß niemand, wie es dazu kommen konnte. Und dann sollen Probleme möglichst schnell bereinigt werden, damit sich Defizite nicht vergrößern und dadurch der Anschluss verpasst wird. Da zunehmend mehr Eltern einen höheren Bildungsabschluss für ihre Kinder anstreben, setzt der Druck in den Grundschulen schon viel früher ein. Die schwierige Arbeitsmarktlage der letzten Jahre erweckt den Eindruck, dass Schüler mit Abitur generell die besseren Berufsaussichten haben. Dabei belegen Langzeitstudien aus den USA, dass im Schulsystem durchweg erfolgreiche Schüler im Verhältnis weniger berufliche und private Erfolge in ihrem Erwachsenenleben erzielt haben, als ihre durchschnittlichen Mitschüler.

Ein Mensch, der die Möglichkeit hat, sich nach seinen Fähigkeiten und Neigungen zu entwickeln und dabei das Gefühl hat, er wird so akzeptiert wie er ist, hat alle Möglichkeiten, ein erfülltes Leben zu leben. Egal ob mit oder ohne Hochschulreife. Dies zu akzeptieren und eine adäquate Entwicklung zu fördern, sollte erklärtes Erziehungsziel von Eltern sein.

Die angeborene Fähigkeit zu lernen baut auf einer persönlichen Grundausstattung auf. Dazu gehören Intelligenz, Interesse und Temperament, die zum Teil genetisch festgelegt und somit unterschiedlich sind. Diese Anlagen entwickeln sich im Laufe der Zeit. Die Basis hierzu bilden Bewegungsabläufe. Denn „Bewegung ist das Tor zum Lernen" (Koneberg). Ohne Bewegung können keine neuronalen Gehirnvernetzungen entstehen. Neben einer Entwicklung der „technischen" Ausstattung spielen persönliche Erfahrungen eine bedeutende Rolle beim „Lernen lernen": Welche Reaktionen erfolgen auf einen Lernprozess? Bekomme ich bei Misserfolg auf die Finger gehauen, oder werde ich darin bestärkt, eine Lösung zu finden? Dieses Erleben prägt jeden Menschen und hat nachhaltig Einfluss darauf, wie zukünftigen Lernprozessen begegnet wird.

Anforderung an Erziehung

Grundsätzlich kann gesagt werden: Jeder Mensch hat ein Grundbedürfnis. Es ist das Bedürfnis, um seiner selbst willen geliebt zu werden. Jeder von uns möchte so akzeptiert werden, wie er ist. Sowohl mit guten als auch schlechten Seiten. Mit seinen Charaktermerkmalen, Temperament und Aussehen, also mit allen Anlagen, die er per Geburt mitbringt. Jede seriöse Religion oder therapeutische Maßnahme hat das Ziel, die wichtige Bedeutung von Selbstliebe zu wecken und zu stärken. Denn wie heißt es in der Bibel: „Liebe Deinen Nächsten wie Dich selbst". Erst wenn ein Mensch sich selbst lieben kann, ist er in der Lage, sich anderen Menschen offen zuzuwenden und zu lieben. Offen heißt, ohne sich verstellen und unterwerfen zu müssen. Ohne andere beherrschen zu müssen, oder ständig eigene Bedürfnisse zu unterdrücken.

Konflikte sind oft mit Gift durchtränkt, weil sich ein Mensch nicht vollständig angenommen fühlt. Die abgeschossenen Giftpfeile sollen verborgene Unsicherheiten oder Ängste verstecken.

In den ersten Lebensjahren bringen wir Kindern bei, nicht alles, was sie denken, auch gleich auszusprechen. In Folge benötigen sie die längste Zeit ihres Erwachsenenlebens zum Wiedererlernen, ihre Gefühle auszusprechen und einen Zugang zu ihrer Wahrnehmung zu finden. Das ist paradox und eine unglaubliche Zeitverschwendung. Dieser Umweg lässt sich vermeiden, indem sich Erziehung vermehrt an Werten orientiert, anstelle von Normen. Dazu ist es unerlässlich, sich an der Wahrnehmung zu orientieren, die als wichtigster Wegweiser durch das Leben führt. Das bedeutet, „wenn du selbst nicht geschlagen werden willst, dann schlage auch du nicht", anstelle von „du darfst nicht schlagen, weil es nicht erlaubt

153

ist". Analog zum christlichen Leitsatz: „Was du nicht willst, dass man dir tu´, das füg´ auch keinem andern zu".

Familie als Übungsfeld

Das Überleben zu sichern ist erklärtes Ziel von Erziehung. Auf diese Selbstverständlichkeit soll im Einzelnen nicht näher eingegangen werden. Darüber hinaus ist Familie der Ort, an dem alle sozialen Fähigkeiten und Kompetenzen erlernt und trainiert werden, die einem Kind ermöglichen, in sozialen Kontakt mit einem äußeren Umfeld zu treten und sich in diesem zurechtzufinden. Erziehung ist mit dem Eintritt ins Erwachsenenalter theoretisch abgeschlossen. Je erfolgreicher ein Erziehungsprozess verläuft, desto größer ist die Chance auf ein selbstbestimmtes, erfolgreiches und zufriedenes Leben. Aber was bedeutet erfolgreiche Erziehung? Soll jetzt mehr oder weniger erzogen werden?

Welche Ausstattung ist für Erziehung erforderlich?

- **ein Sofa**
- **ein Essplatz**

Wozu ist ein Sofa gut?

So ein Sitzmöbel erfüllt neben den bekannten Funktionen auch noch eine Reihe anderer Möglichkeiten. Es ersetzt zum Teil einen Mangel an natürlichem Spielraum. Wenn Kinder draußen nur unzureichend Raum für vielfältige Bewegung haben, können sie dies eben auf einem Sofa nachholen. Hier lässt es sich wunderbar klettern, drüber hangeln, am Rand balancieren, darunter durchkriechen und Höhlen bauen. O.K., nach der Abenteuerreise kann man sich auch einfach mal draufsetzen und ausruhen. Ein Sofa dient auch als Refugium zum gemeinsamen Kuscheln. Hier kann alleine oder gemeinsam in Büchern geschmökert werden. Zusätzlich dient es als Schutz- oder Rückzugsraum: Hier will ich einfach Ruhe haben und abschalten.

Oder auch mal gemütlich fernsehen. Auch wenn sich darüber streiten lässt: Fernseher sind aus modernen Gesellschaften nicht mehr wegzudenken. Eine reine Vermeidungsstrategie ist nicht hilfreich, denn der Reiz des Verbotenen wird zu stark. Vorrangig ist der kompetente Umgang mit neuen Medien. Einen angemessenen Umgang zu finden gegen die Verlockungen und Versprechungen der Flimmerwelt. Den Schein aufzudecken und Werbung zu demaskieren.

Diese Form von Erziehung kann ebenso auf einem Sofa stattfinden. Ansonsten kann auf einem Sofa auch einfach geruht werden. So ein Sofa ist ein herrliches Plätzchen, für den heute viel zu sehr vernachlässigten Mittagsschlaf.

Welches Säugetier, außer dem Menschen, hält mittags keine Siesta? Lasse man seinen Blick über Tierweiden und Ställe schweifen, überall wird hemmungslos gedöst. Nur Menschen gönnen sich heute viel zu selten dieses natürliche und überaus gesunde Vergnügen. Darüber hinaus erfüllt es auch eine wichtige erzieherische Funktion: Es erzieht zur Rücksichtnahme und bietet gleichzeitig die Möglichkeit, zwischendurch Kraft aufzutanken. Auch kleineren Kindern kann schon vermittelt werden, dass ihre Eltern eine kurze Auszeit brauchen und einfach mal in Ruhe gelassen werden möchten. Kinder können dies durchaus verstehen. Am Abend kann man ihnen erklären, dass jetzt die Kinderzeit vorbei ist und Eltern ihre Erwachsenenzeit brauchen. Scheinbare „Kleinigkeiten" prägen im Wesentlichen Erziehung. Über das Zusammenleben werden die erforderlichen sozialen Werte vermittelt, die für das ganze Leben von Bedeutung sind. Sie ergeben sich aus Geben und Nehmen und legen damit den Grundstein für Rücksichtnahme und Wertschätzung.

Wozu dient ein Essplatz?

Der Esstisch dient über Nahrungsaufnahme hinaus als Platz für sozialen Austausch. Sozusagen als Ersatz für die „Feuerstelle". Aus gesundheitlichem Aspekt ist die gemeinsame Nahrungsaufnahme unbestritten wichtig. Werden Mahlzeiten regelmäßig gemeinsam eingenommen, hat dies enorme Auswirkungen auf das Essverhalten. Es betrifft sowohl die Nahrungsmenge als auch die Nahrungsauswahl. Hier erhält man einen besseren Überblick darüber, was und wieviel gegessen wird. Unkontrolliertes Naschen kann besser gesteuert werden. Und so schreckliche Sachen wie Obst, Gemüse und Vollkornbrot lassen sich in Gesellschaft viel angenehmer runterwürgen. Einen Schokosnack kann man sich dagegen auch schon mal alleine reinziehen. Werden Mahlzeiten bewusst eingenommen, wird das Essen ganz anders verwertet, als wenn es nur nebenbei reingestopft wird. Auch die Lust kommt mit dem Essen. Dies ist besonders wichtig in Bezug auf Essstörungen. Wenn sich alle bei Tisch möglichst ausgewogen gesättigt haben, spricht ja gar nichts gegen eine kleine Süßwarenspritze am Nachmittag. Damit sollte nur nicht der Hunger gestillt werden, sondern höchstens die Lust.

Neben der Nahrungsaufnahme können Gespräche

entstehen. Hier kann dann jeder ungezwungen loswerden, was ihn im Laufe des Tages bewegt hat. Dieses Angebot zur Kommunikation lässt sich schwer im Vorfeld planen. Denn wer kann schon voraussagen, dass er heute um 16:00 Uhr ein wichtiges Thema zu besprechen hat? Vielmehr sind solche Situationen abhängig von der Stimmungslage und benötigen Raum und Gelegenheit, um Zustandekommen zu können. Es ist einfacher, wenn jedes Familienmitglied weiß, dass in regelmäßigen Abständen ein gemeinsames Treffen stattfindet. Auch Konflikte können so im häuslichen Rahmen „auf den Tisch kommen". Im Anschluss an das Essen kann vielleicht gemeinsam gespielt werden, oder was sich auch immer aus der Gemeinsamkeit ergibt.

Darüber hinaus ist „am Tisch sitzen" ein wichtiger Raum für Erziehung. Auch ein kleineres Kind kann mal ein Weilchen auf seinem Po sitzen bleiben. Hier wird wiederholt und regelmäßig geübt, sitzen bleiben zu können. Wenn ein Kind nie gelernt hat, eine Zeit lang an einem Tisch zu sitzen, wie soll es das dann plötzlich in der Schule können? Auch hier ist Raum gegeben, Rücksichtnahme zu erlernen. Schließlich können ja nicht alle gleichzeitig reden oder gleichzeitig vom Brot nehmen. Jeder muss ein Stück Rücksicht nehmen, denn schließlich haben die Anderen auch das Recht auf eine angenehme Atmosphäre. Immer wieder muss der Rahmen abgesteckt werden und über Verhaltensweisen verhandelt werden. Solche Situationen beinhalten ein enormes Lernpotential. Das ist nicht immer leicht und auch mit Anstrengungen verbunden. Wenn jedoch solche Prozesse gar nicht erst zustande kommen, woher sollen Kinder lernen, Rücksicht zu üben? Andere aussprechen zu lassen und einfach mal zuzuhören. Und auch wenn es gerade langweilig ist, trotzdem auf seinem Platz sitzen zu bleiben. Alles Fähigkeiten, die für den Schulalltag unerlässlich sind.

Alltägliche Abläufe sind für Erziehung enorm wichtig und haben weitreichenden Einfluss auf die gesamte Entwicklung.

Gerade wenn Kinder älter sind und mehrere Verpflichtungen haben, ist natürlich der Raum für gemeinsame Mahlzeiten eingeschränkt. Aber jeder kann sich eine gemeinsame Mahlzeit täglich zum Ziel setzen. Und wenn das mal nicht klappt, ist es auch nicht schlimm. Dann wenigstens jeden zweiten Tag. Und für alle Fälle besteht ja immer noch die Möglichkeit auf ein ausgiebiges Sonntagsfrühstück. Gemeinsame Mahlzeiten bieten darüber hinaus Vätern eine zusätzliche Möglichkeit, am Familienleben teilzunehmen und mitzubekommen, was zu Hause läuft. Hieraus ergibt sich eine ungezwungene Einflussnahme auf Erziehung, denn schließlich haben sie ja auch Hunger und müssen etwas essen. Auf diese Weise werden mehrere Fliegen mit einer Klappe geschlagen. Aber Vorsicht vor der „Harmoniefalle“: Es kann nicht davon ausgegangen werden, dass immer ein harmonisches Miteinander entsteht. Gerade wenn besonders viel Mühe in Vorbereitungen investiert wurde, kann der Schuss auch nach hinten losgehen. Ein gut gemeintes Angebot garantiert kein Gelingen. Zu hoch angesetzte Erwartungen ziehen häufig große Enttäuschungen nach sich. Deshalb lieber offen bleiben. Nächstes Mal wird es bestimmt besser.

Erziehungskonzept Alltag

Erziehung ist weniger an Konzepte geknüpft, als an den Alltag. Dieser bietet ausreichend Raum und Gelegenheit, alle lebensnotwendigen Verhaltensweisen zu erlernen. Wird dies genutzt, werden Kinder automatisch erzogen. Und damit wesentliche Anforderungen an Schultauglichkeit erfüllt. Dann können sich Eltern abends entspannt und berechtigterweise müde zurücklehnen und ihre „Erwachsenenzeit“ genießen. Ihr Soll ist für diesen Tag erledigt. Wenn nicht dauernd über das WIE nachgedacht werden muss, kann einfach entspannter und lockerer an Erziehung herangegangen werden. Vielen Eltern fehlt diese Lockerheit und führt zu einem verkrampften und verunsicherten Erziehungsstil. In Folge fühlen sich auch die Kinder verunsichert und wissen eigentlich gar nicht, warum. Aus ihrer Verunsicherung heraus kratzen sie an allen Grenzen und wollen doch nur einen Rahmen finden, innerhalb dessen sie sich bewegen können und sicher fühlen. Denn Unsicherheit der Erwachsenen vermittelt Kindern das Gefühl, dass sie irgendetwas falsch gemacht haben -sie also Auslöser sind.

Die aufgeführten Beispiele behandeln ganz normale, alltägliche Situationen, die eine positive Rückkopplung zu Regeln ermöglichen. Indem der Einzelne positiv erlebt, dass ihm zugehört wird, fällt es wesentlich leichter zu akzeptieren, dass ein anderer auch aussprechen möchte.
Bedauerlicherweise wird gerade die wichtige erzieherische Funktion dieser alltäglichen Abläufe weniger anerkannt. Sie haben heute an Wert verloren. Aufgaben und Verpflichtungen, besonders von Müttern, werden nicht mehr entsprechend ihrer Bedeutung gewürdigt und gesellschaftlich abgewertet. Ihre Leistungen scheinen eher an der Häufigkeit von Transport und Fördermaßnahmen ihrer Kinder gemessen zu werden.

Auf dem Spielplatz

Wer auf Spielplätzen die Augen offen hält, wird häufig folgende Situationen beobachten können; Mütter, die jeden Schritt ihrer Kinder überwachen:

„Julius, pass auf, dass du nicht runterfällst"; „Vorsicht, du kannst dir dort wehtun"; „Mach dich doch nicht schon wieder schmutzig"; „Das ist viel zu gefährlich".

Neben der Ängstlichkeit entsteht häufig gleichzeitig ein Wettbewerb: Was können andere Kinder im Vergleich zu meinem. Das führt zu teilweise absurden Situationen. Julius steht heulend vor dem Klettergerüst, weil er nicht hochkommt. Sofort springt seine Mutter auf, um ihm zu helfen. Jetzt steht er oben und kommt nicht weiter und schreit noch mehr. Es entbrennt ein Gezeter zwischen Mutter und Kind, um das halb hängende Kind wieder heil auf den Boden zu bekommen. Verstohlene Blicke wechseln zum Nachbarskind, das diese Situation scheinbar mühelos bewältigen kann.

Was macht dieses Beispiel deutlich? Letztendlich drücken sich hierin die häufigsten Erziehungsschwierigkeiten aus:

Beobachtung und Kontrolle verhindern eine eigenständige Entwicklung. Jeder Mensch hat seine persönliche Herangehensweise und ein eigenes Tempo in neuen Situationen. Wer dabei ständig beobachtet wird, fühlt sich kontrolliert und traut sich weniger auszuprobieren. Nur über den Weg des Probierens lassen sich Erfahrungen sammeln, die dann auf andere Situationen übertragen werden können.

Eltern versuchen nachvollziehbar ihre Kinder vor möglichen Folgen und Blessuren zu schützen. Aber auch wenn Erfahrungen schmerzhaft sein können, hat jedes Kind ein Recht auf Beulen und Schrammen.

Schwierigkeiten ergeben sich zum Teil erst daraus, dass Eltern ihre Kinder an falscher Stelle ermutigen oder ihnen Hilfestellung geben, bei Sachen, die sie noch gar nicht können. Oder die sie aufgrund ihres Entwicklungsstands noch gar nicht hinbekommen können. Wenn ein Kletterbereich für das Kind zu hoch ist, hat das einen wichtigen Grund. In der Regel kommt ein Kind nur dort wieder sicher runter, wo es alleine auch hochkommt. Ansonsten besteht tatsächlich ein Verletzungsrisiko.

Wenn dann Eltern ihr schreiendes Kind wieder

auf den Boden der Tatsachen holen müssen, hat Julius vor allem Folgendes gelernt: wenn ich laut genug schreie, muss ich mich nicht so anstrengen. Außerdem endet ein Lernprozess mit einer negativen Emotion und ohne Kompetenzerweiterung.

Als Formel für die Stufenleiter der Entwicklung lässt sich dieser Prozess folgendermaßen zusammenfassen:

Neugierde ist der Grundantrieb zu lernen und fordert auf, zu probieren.

*Wer **Vertrauen** in seine Fähigkeiten hat, weiß wo seine Grenzen liegen. Diese erfahre ich durch Ausprobieren. Manchmal klappt es und manchmal nicht.*

*Um das aushalten zu können, brauche ich **Frustrationstoleranz**. Damit ein mögliches Scheitern nicht gleich meine gesamte Persönlichkeit in Frage stellt.*

*Wenn ich in unterschiedlichen und neuen Situationen nach dem gleichen Schema vorgehe, stärkt das meine **emotionale** Sicherheit.*

*Seine **Kompetenzen erweitern** heißt, wachsen zu können.*

Mit diesem Rüstzeug versehen lassen sich im Leben alle Anforderungen meistern. Als Faustregel gilt:

• *Ein Kind soll nur das machen, was es alleine kann.*

• *Was es alleine kann, soll es auch alleine machen.*

Also wenn Sachen wie Schnürsenkel binden, Kleider anziehen oder Zähne putzen schon selbstständig ausgeführt werden können, dann sollen Eltern diese Aufgaben nicht wieder übernehmen. Auch wenn sie jetzt lästig und langweilig geworden sind. Denn erlernte Fähigkeiten verfeinern und festigen nachhaltig die Feinmotorik, Eigenverantwortung sowie Frustrationstoleranz.

Werden diese Aspekte stärker berücksichtigt, ist ein Kind motorisch, feinmotorisch und emotional für die Schule ausreichend gerüstet. Auch lassen sich mögliche Diagnosen wie ADS oder Hyperaktivität deutlich verringern. Denn die meisten Probleme sind hausgemacht und Folge vieler kleiner Versäumnisse.

Geschlechtsspezifische Erziehungsmuster

Kinder brauchen einen festen Rhythmus und Gewohnheiten, um sich orientieren zu können und sicher zu fühlen. Aber manchmal müssen oder wollen Eltern inkonsequent handeln. Auch das ist ihr gutes Recht. Im Leben läuft nun mal nicht alles in festen Bahnen. Es ist schön, einmal fünfe gerade sein zu lassen. So ist das Leben. Auch diese Lernerfahrung ist für Kinder wichtig, dass eine Ausnahme die Regel nicht automatisch außer Kraft setzt.

Viele Eltern scheinen heute davon auszugehen, dass einmal eingeführte Regeln dauerhaft Bestand haben. Hierbei handelt es sich um ein lineares Denkmuster. Ein Handlungsprinzip von Erwachsenen aus der Geschäftswelt.

Frauen haben zunehmend Schwierigkeiten, Erziehung als fortlaufenden Prozess zu verstehen. Es fällt ihnen schwer, sich auf ständige Veränderungen einzulassen. Die Fähigkeit, sich auf zyklisches Geschehen einzulassen, ist qualitativ eine weibliche Stärke. Erziehung verläuft dynamisch und nicht statisch. Sie ist ein Prozess, der flexibles Handeln notwendig macht und von daher niemals abgeschlossen ist. Im Leben von Familien geht es zu wie auf einem Bazar: Da wird um jedes Stück

Freiheit, höheres Taschengeld und längere Ausgehzeiten gefeilscht und gehandelt. Hieran wird deutlich, dass sowohl lineares und zyklisches Handeln in schneller Abfolge erforderlich sind, also Verständnis und Empathie in gleichem Maße wie Bewertung und Grenzen. Nur wer die Strategie situationsbezogenen Handelns beherrscht, ist erfolgreich – und kann somit das beste Stück zum günstigsten Preis erwerben.

Frauen werden heute in Hinblick auf lineare Handlungsmuster erzogen. Sie übernehmen Verhaltensmuster der Geschäftswelt. Wenn sie Mütter werden, fallen sie oft in ein tiefes Loch. Denn bisher angestrebte männliche Handlungsweisen sind bei den Anforderungen an Mutterschaft nicht hilfreich. Sie bilden geradezu einen Gegensatz. Dadurch finden viele Frauen in ihrer Rolle als Mutter nur wenig Befriedigung. Denn Mutterschaft deckt sich nicht mit Bewertungskriterien der Berufswelt. Das bedeutet, zu akzeptieren, dass Erziehung ständig im Wandel und kein abgeschlossener Vorgang ist. Abgeschlossene Vorgänge gehören in eine Schublade am Arbeitsplatz. Erziehung ist mühselig und muss ständig wiederholt werden, sodass ihr „Ergebnis" in keine Ablage passt, höchstens ins Fach „zu bearbeitende Vorgänge". Somit kann eine Arbeit nie wirklich erledigt werden und ein Gefühl von

Frustration erzeugen. Auch Männer unterliegen anforderungsbedingt einer Ergebnisorientierung. Sie ist heutzutage gesellschaftlich maßgebende Handlungsmaxime und dadurch in viele Lebensbereiche eingedrungen. Zusammenleben von Menschen, und insbesondere Familien, unterliegt aber ständigen Veränderungsprozessen. Sie sind ein wesentliches Merkmal alles Lebendigen und scheinen damit im Widerspruch zu einer ergebnisorientierten Sichtweise zu stehen. Lebendigkeit entsteht durch Veränderung. Der Gegenpol ist Stillstand. Wie würden Beziehungen aussehen, in denen alles bliebe wie zu Beginn? Wie sähe Familienleben aus, wenn sich alle streng an vorgegebene Regeln und Rituale halten würden?

Unsere heutige Lebensweise kann dazu führen, dass sich Frauen in ihrer Rolle als Mutter nicht mehr ausreichend produktiv fühlen. Häufig halten Männer ihnen das auch noch vor: *„Was hast du eigentlich den ganzen Tag gemacht?"* Somit entsteht auf beiden Seiten Unzufriedenheit. Dadurch kann Familienleben zu einer unbefriedigenden Lebensvorstellung werden, die ihr Entstehen verhindert oder zur Kleinfamilie beiträgt.

Die besondere und einzigartige Qualität mütterlicher Liebe entspringt ihrem Wesen nach dem zyklischen Verhaltensmuster. Das bedeutet, ihr

Kind einfach zu lieben, weil es ihr Kind ist, unabhängig von Leistungserwartungen. Dadurch wird bedingungslose und vorbehaltlose Hingabe möglich, die Raum für Unerwartetes zulässt. Das lineare Denkmuster, also eher die väterliche Sichtweise, ist stärker an Leistung und Bewertung geknüpft. Beide Betrachtungsweisen sind situationsbedingt notwendig und absolut gleichwertig. Geschlechtsspezifische Verhaltensmuster werden in ihrem Ursprung nicht mehr ausreichend gewürdigt und führen zu Identitätsverlust. Fromm sieht diese Abwendung von geschlechtsspezifischen Handlungsmustern als Folge der fortschreitenden Entfremdung des Menschen durch Industrialisierung.

Einfluss auf Erziehung
durch Anspruch an Ästhetik

Wir alle leben in einer Gesellschaft des Überflusses. Von allem haben wir mehr als genug. Hier steht eine Vase, dort eine Schale, hier ein besonderes Blumenarrangement, dort die hypermoderne Skulptur. Besonders im deutschsprachigen Raum wird viel Wert auf die Wohnraumgestaltung gelegt. Vor allen Dingen die Ablösung des barocken Wohnzimmers zugunsten von weißen und chromblitzenden Räumen hat einiges für uns verändert. Zugegebenermaßen geht schon ein besonderer Reiz von einem Raum aus, der mit weißen Fenstern, Türen und Böden gestaltet ist. Die schwarze Skulptur hebt sich in diesem Ambiente hervorragend ab. Wenn sich zwischen diese perfekten Arrangements jetzt aber plötzlich kleine Spielzeugautos, Legobausteine und quietschrosafarbige Stofftiere schummeln, dann ist der Kick der Ästhetik dahin. Kommen jetzt auch noch in einer Höhe von etwa einem Meter Schokoladenfingerabdrücke, Popelreste und Erdkrumen hinzu, hört der Spaß langsam auf.

In Folge wird ständig hinter Kindern nachgewischt und aufgeräumt. Sie können Spielsachen, mühsam aufgebaute Türme oder Bastelarbeiten nicht mal einfach stehen lassen, um sie noch eine angemessene Weile zu bewundern, oder weiter daran zu arbeiten. Unser ästhetischer Anspruch erzeugt ein enormes Stresspotential und macht uns zu Sklaven der eigenen vier Wände. Wie erholsam ist doch der Aufenthalt in einer rustikalen Bauernstube. Fingerpatschen verschwinden dezent auf hölzernen Türen und Staubflocken sowie diverse Krümel sich kaum vom Holzdielenboden abheben. In der gemütlichen und eher spartanischen Atmosphäre tragen herumliegende Spielsachen mehr zu einer atmosphärischen Aufwertung als zum ästhetischen Stilbruch bei.

Häufig müssen Kinder ihr Zimmer täglich aufräumen. Das ist aber nicht zwingend notwendig. Einmal wöchentlich reicht auch. Legen Kinder besonderen Wert auf ihre Unordnung, so muss klar sein, dass sich Eltern eine Schneise zu bestimmten Plätzen schaufeln dürfen, um eventuelle Verletzungsrisiken durch Stürze über Lego & Co zu vermeiden. Zur Einhaltung einer gewissen Ordnung sind klare Absprachen notwendig: Zum Beispiel wird das Kinderzimmer einmal wöchentlich aufgeräumt. Essen und süße, klebrige Getränke dürfen nur an eigens dafür ausgewiesenen Flächen verzehrt werden. Kindern kann die Wichtigkeit dieser Hygieneregeln wunderbar anhand der Beobachtung von Ameisenstraßen zu einem heruntergefallenen Stück Kuchen oder bauschigen Schimmelwäldern demonstriert werden.

Für gemeinschaftlich genutzte Räume gelten andere Regeln. Es können vielleicht Stellen gefunden werden, an denen auch mal etwas liegen bleiben darf. Ansonsten räumt jeder seine Sachen abends weg. Wenn von Kindern Akzeptanz für die Einhaltung von Regelung gefordert wird, müssen Eltern sich umgekehrt auch an Absprachen halten. Das bedeutet, das Chaos im Kinderzimmer geht sie nichts an. Je mehr sie über den „Zustand" lamentieren und zetern, desto stärker wird das Kind auf seinen Wunsch auf Autonomie beharren. Hinter diesen häuslichen Krächen verbirgt sich nämlich oft etwas ganz anderes: Ich möchte mit meiner Vorstellung und meiner Ansicht respektiert werden. Es wird deshalb verständlicherweise immer wieder zu Reibungspunkten kommen. Hilfreich hierbei ist eine relativierende Sichtweise: Ein bisschen weniger gibt uns den Raum für mehr. Nämlich für mehr gemeinsame Zeit, Zeit für sich alleine oder auch einfach mal Zeit zum Nichtstun.

In früheren Zeiten war die Haushaltsausstattung vergleichsweise spartanisch. Jedes Familienmitglied besaß ein „Gedeck" zum Essen. Wurde woanders gespeist, wurde das „Gedeck" einfach mitgenommen. Und anschließend wieder eingepackt. Was für ein Traum für jede Hausfrau. Nur Reiche konnten sich aufwendiges Porzellan leisten. Sie verfügten aber auch über entsprechendes Personal, den Aufwand zu bewältigen und zu verwalten.

Heute verfügt nahezu jeder Haushalt über eine „königliche" Ausstattung. Es wird erwartet, sich ständig wandelnden Stilrichtungen und Ansprüchen anzupassen. Dies erzeugt viel Druck und vor allem Organisationstalent im Haushalt. Dinge müssen verglichen, angeschafft, verstaut und aussortiert werden. Diese Umgangsweise bezieht sich auf fast alle Bereiche des täglichen Lebens. Neben Tischausstattung betrifft es die Raumausstattung ebenso wie sämtliche Accessoires bis hin zu passenden Handtüchern, Briefpapier und Fensterschmuck. Auch die tägliche Garderobe ist hiervon betroffen, das passende Auto oder jede Form zum Ausdruck des persönlichen Lebensstils. Jeder sollte sich bewusst machen, wie viel Lebenszeit diese Organisation in Anspruch nimmt und damit anderen wichtigen Dingen im Leben geraubt wird. Auch das Zusammenleben mit Kindern ist hiervon betroffen, da viel an möglichen Gemeinsamkeiten verloren geht. Wir müssen heute in allen Lebensbereichen ständig organisieren und fühlen uns dadurch häufig überlastet. Wir sollten darauf achten, dass der nachvollziehbare Wunsch nach Rückzug nicht in Harmonieterror umschlägt.

Wohin mit der Brotrinde?

Wer kennt sie nicht? Die abenteuerlichsten Geschichten älterer Generation über ihre Versuche und phantasievollen Ideen, die Rinde vom Brot verschwinden zu lassen. Hand aufs Herz, wem schmeckt wirklich Brotrinde, wenn sie nicht von einem ofenfrischen Brot stammt, oder gar zwei und mehr Tage alt ist? Steht sie kulinarisch ganz oben auf der Liste, ist ja alles in Ordnung. Wenn nicht, wie vermittle ich meinem Kind Achtung und Wertschätzung über unser „täglich Brot"? Und besonders im Umfeld einer Konsum- und Wegwerfgesellschaft. Außerdem essen die meisten Kinder ja bekanntlich am liebsten die Wurst auch ohne Brot. Wie also lassen sich Genuss, Wertschätzung und Erziehung vereinbaren?

Vorab sei bemerkt, hungernde Menschen werden davon nicht mehr oder weniger satt, wenn wir unsere Brotrinde essen. Die Probleme in Entwicklungsländern liegen auf einer ganz anderen Ebene und sind eine Folge unseres Wohlstands. Auf die sich dahinter verbergenden Tragödien soll in jedem Fall aufmerksam gemacht werden. Dazu gibt es einige Möglichkeiten, wie z. B. Partnerschulen, Patenschaften oder auch Spenden in Form von Sach- oder Geldwerten. Es wäre wichtig, immer wieder auf die erschreckende Tatsache hinzuweisen, dass satt werden keine Selbstverständlichkeit für den größten Teil der Weltbevölkerung ist. Diese Gedanken machen sich aber nicht an einer Brotrinde fest.

Letztendlich geht es also wieder um die Frage, wie verschiede Betrachtungen in Erziehung einfließen können, ohne daraus unnötige Konflikte entstehen zu lassen.

Die Brotrinde kann dabei getrost außen vor

bleiben. Wenn sie nicht schmeckt, dann wird sie eben entsorgt. Im getrockneten Zustand entsteht daraus eine leckere Knabberei für zwischendurch. Auch Enten im Park oder Nagetiere freuen sich über diesen Leckerbissen. Ansonsten ist es hilfreich, wenn sich Kinder selber nehmen können, oder ihnen nur kleine Portionen aufgegeben werden. Und wenn es partout mal nicht schmeckt, dann ist das auch in Ordnung. Hier und heute leiden wir glücklicherweise nicht mehr unter Hunger, wie das noch Eltern oder Großeltern erlebt haben. Für sie ist Verschwendung von Essen verständlicherweise schwer nachvollziehbar. Wir leben aber unter anderen Bedingungen als damals. Die Vermittlung von Knappheit in einer Überflussgesellschaft ist nicht glaubhaft und das spüren Kinder genau.

Deshalb das Augenmerk lieber generell auf einen sinnvollen Umgang mit Konsum lenken, anstatt auf hypothetische Fälle wie: „Wenn wir nichts anderes hätten, würden wir uns über ein Stück Brotrinde freuen", oder „andere wären froh, sie hätten ein Stück Brot". Sollten wir jemals wieder in eine Situation von Nahrungsmittelknappheit kommen, entwickelt sich Brotrinde automatisch zu einem kulinarischen Leckerbissen. Und zwar authentisch und für alle nachvollziehbar. Dadurch entfallen weitere Erklärungen sowie Erziehungsmaßnahmen.

Ein weiteres Übungsfeld:
Das Taschengeld

Es gibt immer noch Kinder, die kein regelmäßiges Taschengeld beziehen. Als Grund wird häufig angegeben, dass sie mit Geld nicht umgehen könnten und ja sowieso alles hätten, was sie bräuchten. Die Frage lautet: Wie sollen sie lernen, mit Geld umzugehen, wenn sie keines zur Verfügung haben?

Dahinter verbirgt sich die Sorge von Eltern, dass sich ihre Kinder im Konsumdschungel verirren und den Überblick verlieren könnten. Außerdem verlieren sie dadurch die Einflussnahme auf Kaufentscheidungen ihrer Kinder. Dabei geht es ja nicht um Unsummen, deren Verschwendung es zu verhindern gilt, sondern um eine regelmäßige, altersadäquate Einnahmequelle. Taschengeld sollte auch nicht an zu erbringende Leistungen geknüpft werden. Wenn der Arbeitgeber zeitweise mit unseren Leistungen unzufrieden ist, kann er ja auch nicht einfach das Gehalt kürzen.

Der Sinn ergibt sich aus dem Lerneffekt, mit einer Summe x ein gewünschtes Objekt erwerben zu können. Ist das Gewünschte teurer, muss darauf gespart werden.

Nebenbei erlernen Kinder auch die Vorzüge des Rechnens, wie viel Mal Taschengeld ergibt dieses und jenes? Außerdem bietet es ihnen die Möglichkeit, Dinge anzuschaffen, die ihre Eltern absolut scheußlich finden. Wie wäre ihr Erwerb ansonsten möglich? Eltern sollen sich in die Wünsche der Kinder nicht einmischen. Sie sind eine Stufe auf dem Weg in die Eigenständigkeit. Und gerade der Weg über das Interesse an Dingen, die auf Unverständnis oder gar Ablehnung stoßen, bietet hierzu eine gute Gelegenheit. Der Wert lässt sich nur erfassen über Aufwand und Mühe zu seiner Erlangung. Kinder dürfen auch Fehlentscheidungen bzw. Fehlkäufe tätigen. Nur so können sie lernen, dass man Geld nur einmal ausgeben kann.

Den geschützten Rahmen hierzu bilden verlässliche, altersgemäße und von Leistung unabhängige Einnahmen. Ein weiterer Baustein beim Lernen durch Erfahrung. Je nach Alter des Kindes lässt sich die Eigenverantwortlichkeit auch dadurch erhöhen, dass monatliche Zahlungen z.B. um einen Kleiderzuschuss aufgestockt werden. Dadurch können Kinder dazu angehalten werden, Zuzahlungen an angesagte Jeans und Turnschuhe zu leisten, die das übliche Kleiderbudget übersteigen.

Stress durch Essen

Gemeinsame Mahlzeiten sind sehr wichtig und schön. Dennoch beherbergen sie auch ein erhebliches Stresspotential, das sich aus der Nahrungsaufnahme ergibt. Essen Kinder zu viel oder zu wenig? Essen sie das Richtige oder Falsche? Entspricht ihre Ernährung gesundheitlichen Anforderungen? Oder erleiden sie Mangel, weil sie immer nur das Gleiche essen wollen?

Wir sollten dem Überlebenstrieb Vertrauen schenken. Denn generell kann davon ausgegangen werden, dass sich gesunde Kinder weder freiwillig zu Tode hungern, noch so viel Essen, bis sie wirklich platzen. Was also verbirgt sich hinter elterlicher Unsicherheit? Woher rühren diese Ängste in Zeiten, in denen bei uns niemand mehr hungert und letztendlich von allem genug da ist?

Welchen Stellenwert hat Nahrung innerhalb einer Familie, also für welche Werte steht Essen? Sicherheit, Verantwortung aber auch als Zeichen von Wohlstand und Prestige. Darüber hinaus ist auch dieser Lebensbereich mit den unterschiedlichsten Informationen überschwemmt und von Erwartungshaltung geprägt. Essen ist schließlich nicht gleich Essen. Warum sollte ausgerechnet dieser Bereich unkompliziert sein, wenn alles andere heute kompliziert ist.

Eltern glauben häufig, Kinder müssten alles Essen, um ausgewogen ernährt zu sein. Kiwi und Zitrusfrüchte in Mengen sollen ja schließlich gesund sein. Und viel Milch stärkt die Knochen, allerlei Gemüse, möglichst verschieden, und Kind, esse ja ordentlich, damit du was wirst! Allzu viele Glaubenssätze stehen in Zusammenhang mit Nahrung, die eher hinderlich sind. Denn Kinder haben eigentlich ein natürliches Gespür für Lebensmittel, die ihnen gut tun. Vorausgesetzt, dem wird Beachtung geschenkt. *„Du kannst das Fleisch nicht nur alleine essen, dazu gehören Kartoffeln."* Deutschland gehört zu den Spitzenreitern im Konsum von Kohlehydraten. Wir zwingen den Kindern häufig falsche Essgewohnheiten auf. Viele Kinder bevorzugen Trennkost, die für sie leichter verdaulich ist. Also Fleisch und Gemüse oder Salat anstelle von Fleisch und Kartoffeln oder Nudeln.

Viele Kinder verweigern manche Obst- und Gemüsesorten, auf deren Verzehr Eltern jedoch häufig bestehen. Dabei handelt es sich oft um allergene Nahrungsmittel, deren Genuss in jungen Jahren noch gar nicht bekömmlich ist. Kinder benötigen nicht 10 verschiedene Obstsorten, um gesund aufzuwachsen. Wenn sie etwa dreierlei heimische

Gemüsesorten, also z.B. Kartoffeln, Karotten und Erbsen sowie zwei bis drei Obstsorten, wie Äpfel, Birnen, Aprikosen mögen und vertragen, reicht das völlig aus, um nicht an Mangelerscheinungen zu erkranken. Jede Jahreszeit bietet ihr typisches Angebot, das vom jeweiligen Kulturkreis dann am besten vertragen wird und in der Erntezeit sowieso am gesündesten ist. Alle Obst- und Gemüsesorten ganzjährig verfügbar zu haben ist unnatürlich und erfordert zusätzliche chemische Mittel, die Ernte, Lagerung und Transport erst ermöglichen. Außerdem sind die Produkte aufgrund langer Transportwege bis zum Endverbraucher meist unreif, enthalten somit weniger Vitamine und lassen sich schwerer verstoffwechseln. Die notwendigen Zusatzstoffe werden regelmäßig mitverzehrt, ohne deren gesundheitliche Risiken ausreichend zu berücksichtigen. Ernährung hat sich heute weitgehend von natürlichen Abläufen entfernt. Es wäre gesünder, dem Rhythmus der Jahreszeiten zu folgen. Zusätzlich zu den Belastungen des Alltags neigen wir zu einer beschwerenden und belastenden Ernährung.

In den Essgewohnheiten drückt sich auch häufig der Wunsch nach Autonomie aus. Wird essen ständig beobachtet und kontrolliert, verstärkt sich der Wunsch, alleine über Mengen oder Auswahl bestimmen zu können.

Die erzeugte Trotzreaktion verhindert, auf seine innere Stimme hören zu können und verkehrt sich oft ins Gegenteil. Also ruhig entspannter an Essen rangehen und Mahlzeiten voller Dankbarkeit genießen, solange wir die Möglichkeit dazu haben. Auch hierbei gilt: Weniger ist mehr. Lieber kleinere Mengen von hoher Qualität, als große Mengen minderwertiger Qualität.

Anhand der alltäglichen Beispiele wird deutlich, dass viele Konflikte hausgemacht und somit vermeidbar sind. Wenn wir erst einmal verstehen, wie Glaubenssätze zu ihrem Entstehen beitragen, lassen sich viele kritische Situationen entschärfen. Dadurch entsteht Raum für Neues.

Wenn Kinder zu Hause keine Esskultur erleben, woher soll sie kommen? Wenn sie daheim keine Notwendigkeit zur Rücksichtnahme erfahren, wie soll sie plötzlich in Gruppen vorhanden sein?

In häuslicher Erziehung liegt der Schlüssel zur sozialen Entwicklung von Kindern. Die Leistung von Eltern verdient gesellschaftliche Achtung und Respekt. Auch wenn sie nach heutigen Maßstäben nicht messbar ist und keine materiellen Gewinne produziert. Ihr Gelingen ist für die Gesellschaft von unschätzbarem Wert.

8.

Zurück in die Zukunft

Die Vorzüge fast vergessener Spiele und Gebräuche

Nicht alles, was früher war, ist schlecht. Vieles im Lebensbereich früherer Generationen war viel kindgerechter, als in der heutigen Zeit. Und das, obwohl sogenannte kindgerechte Ausstattung einen enormen industriellen Aufschwung erfahren hat und theoretisch alles für die lieben Kleinen bereithält. Anhand verschiedener Konzepte und Ideen wird versucht, Lebensabschnitte für die Entwicklung von Kindern nachzuempfinden. Darüber geht das Wesentliche verloren: Kinder lernen durch Erfahrung. Jetzt kann man natürlich fragen, was hat Spielen mit Lernen zu tun? Sehr viel! Spielen ist nichts anderes als das Erlernen bestimmter Fähigkeiten und Fertigkeiten, gepaart mit Spaß und Freude.

Wenn sich also ein kleines Kind immer wieder damit beschäftigt, einen Gegenstand in die

Hand zu nehmen, ist das harte Arbeit und schult die Augen-Hand-Koordination. Wenn es nebenbei vor Freude gluckst, ist das ein Zeichen dafür, dass es noch Freude am Lernen hat. Es ist faszinierend zu beobachten, mit welcher Ausdauer und Konzentration sich kleine Kinder anstrengen, ihre ersten Schritte zu gehen. Wie oft sie dabei hinfallen und immer wieder aufstehen. Wie sich der Ausdruck im Gesicht verändert zwischen wütend sein, Konzentration und unglaublicher Freude darüber, wenn es dann endlich geklappt hat. Lernen steht bei ihnen noch ganz hoch im Kurs und erfolgt über den Weg wiederholten Ausprobierens. Und wir bezeichnen diese außerordentlichen Leistungen schlichtweg als „Spielen". Es wäre schön, wenn wir uns mehr von dieser ungebremsten Energie und reinen Freude über kleine Schritte und Erfolge bewahren würden.

Kindliche Entwicklung und damit einhergehend Spielen ist in erster Linie ein Prozess, der von Nachahmung geprägt und mit sinnlichem Erleben verknüpft ist. Beides lässt sich im heutigen Alltag schwer nachempfinden. Spielen mit Essen ist unschicklich, und loses Mehl, Matsch oder Erde sind erfahrungsgemäß selten auf Fußböden in modernen Haushalten zu finden. Was also bleibt den Kindern zu tun? Häufig beschäftigen sie sich mit vorgefertigten Spielsachen, die ein zu erzielendes

Ergebnis vorgeben. Da ein Ergebnis bereits feststeht, geht es nur noch um den Weg, wie es zu erreichen ist. Der Weg ist also das eigentliche Ziel. Außer Acht bleiben dabei häufig eine Vielfältigkeit und Offenheit, die an kein Ergebnis gebunden ist. Daher ist kindliches Spielen bereits relativ früh ergebnisorientiert. Im Vordergrund stehen Geschicklichkeit und Zeit, die zur Fertigstellung benötigt werden. Das Erleben wird geprägt durch lineare, also auf einen Punkt gerichtete, reale und nach vorne schreitende Erfahrungen. In den Hintergrund tritt die Kontemplation, also die beschauliche, besinnliche Versunkenheit, die zu keinem Ergebnis führt und Unerwartetes zulässt. Die Folge ist das Bedürfnis nach mehr und neuen Reizen. Diese Bedürfnisse werden von der Spielzeugindustrie bestens bedient. Versunkenheit, die eine Vereinigung geistiger und materieller Kräfte zulässt, löst bei vielen Menschen Verunsicherung aus, da sie nicht auf Produktivität und Messbarkeit abzielt. Diese scheinbare Untätigkeit können wir nur schwer aushalten.

Es ist nicht verwunderlich, dass viele Frauen heute Schwierigkeiten haben, sich auf die natürliche Geburt eines Kindes einzulassen. Besteht die Möglichkeit, wählen sie gerne den Weg über Kaiserschnitt oder Betäubung. Sie haben das Vertrauen in sich und ihren Körper verloren, diesen natürlichen Prozess zuzulassen und zu bewältigen. Ähnliche Schwierigkeiten treten beim Stillen auf. Rein äußerlich ist weder erkennbar noch messbar, ob sie ihr Kind ausreichend nähren können. Die Skala auf der Babyflasche gibt einen präzisen Hinweis darauf, wie viele Milliliter Milch ein Baby zu sich genommen hat. Auf der Verpackung ist exakt die garantierte Zusammensetzung der Nahrung aufgelistet. Dadurch werden Fehleinschätzungen vermieden und Ängste beruhigt. Diese tief liegende Verunsicherung und fehlendes Vertrauen in den eigenen Körper und seine Fähigkeiten werden in der weiteren Erziehung fortgesetzt. Darf ich mit meinem Kind noch mehr schmusen, oder wird es zu sehr verwöhnt? Kann es bei mir schlafen, oder werde ich es dann nachts nie mehr los? Kann ich das Kind schreien lassen, oder schadet das seiner Entwicklung? Es ist sehr wichtig, sich seinen Ängsten und Unsicherheiten zu stellen und sie ernst zu nehmen. Wer sich aufs Stillen nicht einlassen kann, ist deshalb keine schlechtere Mutter. Lieber mit gutem Gewissen Flasche füttern, als mit schlechtem Gefühl die Brust. In dem Fall ist die Wahrscheinlichkeit wesentlich höher, dass hierbei Probleme auftreten können. Authentizität hat Vorrang vor Wunschdenken.

Mutterschaft ist für Frauen eine Möglichkeit, Zugang zu ihrer ursprünglichen Weiblichkeit zu finden, ungeachtet von Mode und Äußerlichkeiten. Gerade weil ihr Leben zunehmend auf lineare Handlungsmuster ausgerichtet ist. Der Weg ist nicht immer leicht. In dieser für sie ungewohnten Rolle fühlen sie sich plötzlich ins kalte Wasser geworfen und alleine gelassen. So wie es früher üblich war, werden sie nicht mehr im Kreis anderer Frauen aufgefangen und in ihrer Aufgabe als Mutter begleitet. Heute wird eher beobachtet, wie flexibel sie ihre Aufgabenstellung meistern können und den unterschiedlichen Anforderungen gerecht werden. Daran wird ihre Leistung als Mutter gemessen.

Aufgrund „mangelnder" Spielzeuge haben sich Kinder bis vor gar nicht langer Zeit intensiv mit einer Sache beschäftigen müssen. Ausdauernd wurden alle Varianten von „wie quäle ich mein Fahrrad" ausprobiert. Die Vollbremsung auf Sand, bergauf und bergab durch Büsche und Pfützen. Der kleinstmögliche Kurvenradius und die maximale Geschwindigkeit. Das ein oder andere Knie ziert noch heute so manche Narbe als Erinnerung. Wurde zu viel riskiert, dann tat es eben weh. Eigene Einschätzung wurde auf eine harte Probe gestellt. Die Folgen trug jeder selbst. Schuld konnte nicht auf andere abgewälzt werden. Die dadurch gewonnenen Erfahrungen erweitern die Fähigkeit zur Selbsteinschätzung: Was kann ich riskieren und wie hoch ist meine Schmerzgrenze? Ein wichtiger Aspekt zur Entwicklung von Frustrationstoleranz.

Wer irgendwo hingelangen wollte, musste sich entscheiden, ob der Weg lohnt. Egal ob es regnete, schneite oder einem die Sonne auf den Kopf brannte. Es war das Zeitalter vor den mütterlichen Chauffeurdiensten. Immer wieder wird die Angst vor Verbrechen als Argument aufgeführt, Kindern Wege nicht zuzumuten. Tatsache ist aber, dass die Anzahl von Sexual- und Gewaltverbrechen an Kindern nicht zugenommen hat. Sie sind lediglich durch die Medien präsenter. Es gab sie schon immer, und wird sie bedauerlicherweise auch weiterhin geben. Sie können aber nicht der Grund dafür sein, dass Kinder keinen Schritt mehr alleine gehen dürfen.

Kinder mussten tatsächlich von der Wichtigkeit ihres Tuns überzeugt sein, wenn sie Strapazen sowie den Spaß eines selbstständig bewältigten Weges auf sich genommen haben. Automatisch hat sich daraus eine Gewichtung für ernstgemeinte Interessen ergeben.

Wer weniger von allem hat, wird Dinge wahrscheinlich höher schätzen. Bei 15 Puppen kommt es auf eine mehr oder weniger nicht an. Es ist deutlich schwieriger, Wertschätzung zu vermitteln, wenn alles mehrfach vorhanden ist. Kindern fällt es schwer zu verstehen, warum sie jetzt unbedingt auf etwas Bestimmtes aufpassen sollen. Eine mögliche Lösung liegt darin, lieber ein hochwertiges Gemeinschaftsgeschenk zu schenken, als viele kleine. Zugedachte Geldsummen können auch auf ein Konto eingezahlt werden für Zeiten garantiert notwendiger größerer Anschaffungen, wie Fahrrad, Mofa, Führerschein oder Reiturlaub. Verwandte wollen es sich oft nicht nehmen lassen, ihrem Liebling etwas Besonderes zukommen zu lassen. Sie unterstützen damit aber weder die Kinder noch deren Eltern. An dieser Stelle sollen Konflikte mit Familienmitgliedern nicht gescheut werden. Ansonsten können Geschenke auch in Form von Bekleidung überreicht werden, denn diese wird immer benötigt, besonders in Phasen angesagter Markenklamotten.

Kinder haben sich früher weitgehend mit einfachen Spielen wie Himmel und Hölle, Gummitwist, Seilhüpfen, und allen Arten von Ball- sowie Klatschspielen beschäftigt. Diese sind nicht nur preiswert, sondern unkompliziert und überall einsetzbar. Sie erfüllen darüber hinaus ganz wesentliche Anforderungen an Schulfähigkeit, weil sie durch die erforderlichen Bewegungsabläufe das Überkreuzen der rechten und linken

Gehirnhälfte trainieren. Überkreuzbewegungen sind wichtig im Hinblick auf die Fähigkeit, Lesen, Schreiben und Rechnen zu erlernen. Häufig sind diese Spiele mit Liedern, Reimen oder Aufzählungen verbunden. Dadurch werden alle für schulisches Lernen erforderliche Gehirnareale verknüpft. Außerdem werden hierbei Übung und Geschick benötigt. Dazu bedarf es vieler Wiederholungen. Wenn etwas nicht geklappt hat, muss es erneut versucht werden. Die Erkenntnis, dass nur Übung den Meister macht, trägt entscheidend zu einer höheren Frustrationstoleranz bei. Gerade diese Erfahrung geht Kindern heute mehr und mehr verloren. Sie werden sich schwerer damit tun, zu erkennen, dass man manchmal eben auf die Zähne beißen muss, um zu einem gewünschten Ergebnis zu gelangen. Bei Misserfolgen fehlt es ihnen schneller an Durchhaltevermögen und Ausdauer. Und wenn es dann nicht klappt, haben sowieso meist andere Schuld.

Erwachsene wissen durchaus, wie wichtig Frustrationstoleranz zur Bewältigung des Alltags ist. Wie aber sollen Kinder dahin geführt werden, wenn ihnen weitgehend die Möglichkeiten zum Erlernen versagt werden? Wiederholtes und schnelles Aufgeben führt zu folgender Lernerfahrung: Was ich nicht kann und mir nicht gefällt, muss ich auch nicht machen.

Die Folge dieser Erfahrung wirkt sich auf unterschiedliche Lebensbereiche aus. Viele Kinder wollen nicht einsehen, warum sie sich durch verhasste Schulfächer quälen, am Ende sogar dafür üben, oder ihre Hausaufgaben erledigen sollen. Es geht nicht um Einschränkungen der persönlichen Ökonomie. Sondern um die Frage: Wo verläuft die Grenze? Generell muss jeder Mensch auch Dinge machen, auf die er keine Lust hat. Das gehört zum Leben dazu. Ökonomie bedeutet, zu erkennen, mit welchem Aufwand sich ein Ziel x in einem bestimmten Kontext erreichen lässt. Wer sich also weder in Mathe, Deutsch, Sachkunde oder Englisch anstrengen möchte, wird schwerlich zu einem zufriedenstellenden Gesamtergebnis gelangen.

Heutige Spielangebote verhindern häufig den Zugang zu dieser Bandbreite an Erfahrungen. Sie zu bewältigen kostet weniger Ausdauer und Konsequenz als frühere Spielangebote. Vor allen Dingen ist Misslingen nicht mit körperlichen Folgen verbunden, wie z.B. aufgeschürften Knien. Auch ein Erfolgserlebnis wird seltener körperlich erlebt. Das heißt, ohne den damit verbundenen Schweiß, mögliche Schrammen, oder einen ordentlichen Muskelkater. Der Körper bildet nicht mehr den Mittelpunkt, über den Erfahrungen stattfinden können. Nicht ausschließlich Bewegungsmangel ist verantwortlich für viele Probleme. Vielmehr sind Bewegungserleben und Lernerfahrung entkoppelt. Bewegung erfolgt eher zufällig und ohne Zusammenhang und ist geringer werdender Bestandteil eines ganzheitlichen Lernprozesses.

Der Wunsch, Kinder vor Schaden zu bewahren ist durchaus verständlich. Aber Schrunden und Narben gehören dazu. Was wäre die Freude über endende Schmerzen, ohne den Schmerz zu kennen?

Wenn sich ein Kind also ganz intensiv mit Rollschuhlaufen beschäftigt, ist der Erfolg körperlich spürbar, indem es nicht mehr so oft hinfällt. Gleichzeitig werden durch die hierzu notwendigen Bewegungsabläufe Gehirnvernetzungen geknüpft. Wenn der erforderliche Ablauf durch Wiederholungen immer wieder geübt wird, erfährt das Kind, dass Übung die Kompetenz erweitert, Aufgeben (durchaus legitim) jedoch die Kompetenz nicht erweitert. Weinen kann in dem Moment, in dem etwas nicht klappt durchaus gut tun, die Pirouette klappt dadurch aber nicht besser. Es erfährt also etwas über seine Toleranzgrenze und kann entscheiden, ob sich der Weg lohnt oder ob es seine Konzentration lieber auf etwas anderes richten soll. Als Nebeneffekt wird es irgendwann körperlich erschöpft sein und vielleicht auch vollgetankt mit frischer Luft abends müde ins Bett fallen. Über diese Form von Spielablauf werden viele Fliegen mit einer Klappe geschlagen.

Elektronische Spielzeuge verhindern von Haus aus einen Teil der spielerischen Nebeneffekte. Kinder müssen sich hierbei auch konzentrieren. Jedoch entfällt die Rückkopplung an körperliches Erleben. Wer einen Fehler macht, holt sich keine Schrammen. Letztendlich können Schwierigkeitsstufen einfach umgangen werden, indem der „Level" gewechselt wird. Ein Erfolgserlebnis wird auch nicht körperlich erfahren. Der Erfahrungsgewinn erfolgt auf der logisch-/analytischen Verarbeitungsebene.

Egal, ob es sich um kunstvolle Bauwerke, Handarbeiten, Kneten oder Malen handelt, sie alle fördern die Konzentration und Feinmotorik. Lieder, Gedichte und Reime, Aufzählspiele sowie hüpfen und klatschen fördern zusätzlich Phantasie, Rhythmusgefühl, Geduld und Ausdauer. Geschichten und Märchen vermitteln mögliche Lösungswege verschiedener Probleme und regen die Phantasie an. Ihr Inhalt bietet das vollständige Spektrum an Emotionen, die nacherlebt und nachempfunden werden können.

Die Spielauswahl beeinflusst erlernbare Fähigkeiten. Je nach Tendenz wird eine logikdominierte,

dem linearen Prinzip folgende Entwicklung geför-
dert. Sie steht den produktionsadäquaten Tugenden
sehr nah. Oder Spiele gepaart mit Bewegungsab-
läufen für Konzentration, Phantasie und Ausdauer, fördern Empathie sowie Frustrationstoleranz.
Abhängig von der Nutzungsdauer haben elektronische Medien auch einen erheblichen Einfluss auf
die Entwicklung von empathischem Verhalten.

Auch scheinbar veraltete Tugenden wie, „Brust
raus und Kinn an die Binde" erfüllen im Prinzip
einen positiven Effekt. Vielleicht erinnert sich
der ein oder andere an die nervigen Sprüche der
„Alten". Neben der Wichtigkeit für die Rücken-
muskulatur und den Folgen einer Schwäche, haben sie auch etwas mit Konzentration zu tun. Alle
Nervenstränge verlaufen entlang der Wirbelsäule
direkt zum Gehirn. Wird alles gedreht und ge-
quetscht, findet keine optimale Versorgung des
Gehirns statt. Dies wirkt sich vor allem auf den
Zugang zu logischen Anforderungen aus. Bei kre-
ativen Anforderungen spielt es eine untergeordnete Rolle, kann manchmal sogar hilfreich sein.
Also kann beim Aufsatz ruhig mal gelümmelt
werden, beim Rechnen ist es eher hinderlich. Die
aufrechte Haltung zeugt auch von Selbstdisziplin.
Manche Kinder hängen den ganzen Tag rum wie
ein Schluck Wasser in der Kurve. Diese innere
Haltung wird oft auf äußeres Handeln übertragen.

Die frühere Sitzplatzgestaltung in Schulklassen war von der Anordnung her für Lernen förderlich. Heute bilden Tischgruppen oder Hufeisenform das Erscheinungsbild. Jeder Mensch hat unterschiedliche Gehirnverarbeitungsmuster. Das bedeutet, auch wenn man zwei Augen hat, sehen nicht beide Augen gleich. Beim einen ist das rechte Auge dominierend, beim anderen das Linke. Das Gleiche gilt für die Ohren, Hände und Beine. Sitzt also ein Kind mit der linken Körperhälfte dem Lehrer zugewandt, sein dominantes Ohr ist aber das Rechte, wird es den Worten des Lehrers schwer folgen können und benötigt dazu enorme Konzentration. Genauso verhält es sich, wenn das Kind einen Sitzplatz hat, an dem das dominante Auge von der Tafel abgewandt ist. In jedem Fall benötigt das Kind einen höheren Konzentrationsaufwand. Diese Belastung äußert sich häufig in schneller Ermüdung, Konzentrationsschwäche, aber auch in Verhaltensauffälligkeiten. Beim sogenannten Frontalunterricht entfallen diese Störquellen, da beide Körperseiten Lehrer und Tafel zugewandt sind.

Heute wird vielen Kindern Hochbegabung bescheinigt. Die Aufmerksamkeit darauf entsteht häufig durch Verhaltensauffälligkeiten. Wenn man die Werteverschiebung heutiger Kindererziehung betrachtet, ergibt sich folgende Frage:

Handelt es sich dabei um eine „blockierte Intelligenz"? Das heißt, eine hohe Entwicklung von Fähigkeiten der linken Gehirnhälfte zu Lasten von Fähigkeiten der rechten Gehirnhälfte, also dem Sitz von Empathie, Kreativität und emotionaler Sicherheit?

Abschließend lässt sich festhalten: Alles was Kinder in den ersten Jahren für ihre Entwicklung brauchen, befindet sich quasi vor der Haustür. Es muss nicht das Angebot im benachbarten Ort wahrgenommen werden. Straße, Hof, Garten und regionale Einrichtungen bieten alle notwendigen Voraussetzungen. Eine Weiterförderung oder Spezialisierung muss normalerweise nicht im Alter von 5 Jahren stattfinden. Kinder haben dazu später noch ausreichend Zeit, wenn sie erst die nötige Ausdauer, Reife und das Interesse hierfür besitzen. Bis sie diese entwickelt haben, ist das häusliche Umfeld mit allen Erfahrungsmöglichkeiten völlig ausreichend und optimales Lernfeld. Vorausgesetzt, dass es als solches in seinem Wert anerkannt und Kindern ermöglicht wird, das volle Spektrum auch nutzen zu können.

Dabei spielt es keine große Rolle, mit welchem Ballsport oder welcher Tanzart begonnen wird. Das örtliche Angebot ist meist ausreichend.

Wenn sich daraus ernsthaftes Interesse entwickelt, kann zu einem späteren Zeitpunkt ein Wechsel vorgenommen werden. Die Veranlagung hat ja zwischenzeitlich nicht brachgelegen. Grundlegende Fertigkeiten, wie Rhythmusgefühl oder Ballgefühl werden erfahren und eingeübt, sodass jederzeit auf Grunderfahrungen aufgebaut werden kann.

9

Vom Frust
des Nichtstuns zur Lust
auf Langeweile

„Ich langweile mich, was soll ich bloß ma-chen?" Dieser Satz ist ein echter „Runterbringer". Eltern haben zu wenig oder die falschen Spielsachen für ihre Kinder gekauft. Sie haben sich nicht ausreichend mit ihnen beschäftigt. Sofort setzt das schlechte Gewissen ein. Wieder einmal haben Eltern versagt. Wie in so vielen anderen Bereichen dringt ihr „Versagen" nun auch in die Sphären der Freizeitgestaltung. Anscheinend gibt es keinen Bereich, in dem alles problemlos und wunschgemäß läuft.

Dabei beinhaltet die sogenannte Langeweile eine ungemeine Kraft und ungeahnte Möglichkeiten. Es bedeutet nichts anderes, als eine „lange Weile" zu haben. Welcher Luxus in einer Zeit absoluter Kurzweiligkeit.

Der Tagesablauf der meisten Menschen ist von früh bis spät verplant. Wir hetzen von Termin zu Termin, von einem Event zum nächsten. Vorherrschender Aktionismus lässt das Gefühl entstehen, es könnte etwas versäumt werden. Oder schlimmer noch: Kindern könnten für ihr weiteres Leben Möglichkeiten verbaut werden, wenn sie nicht an einer Vielzahl an Aktivitäten teilnähmen. Dadurch könnten sich ihre Chancen im allgemeinen Wettbewerb verringern.

Die „lange Weile" bietet aber eine Chance zu träumen – eine sehr heilsame Tätigkeit. Sie lässt die Phantasie spielen und trägt zur Entwicklung neuer Ideen bei. Dieses Erleben geht aufgrund ständiger Action verloren, und damit wichtige Fähigkeiten unseres Gehirns. Diese müssen dann wieder teuer und mühsam in irgendwelchen Kreativworkshops erworben werden. Technische Entwicklung hat dem modernen Menschen eine Fülle an Zeit geschenkt. Aber wo ist sie geblieben? Wie gewonnen, so zerronnen.

Durch technische Vereinfachungen haben wir faktisch mehr Zeit zur Verfügung, immer mehr Dinge tun zu können. Das „Können" verselbstständigt sich zum „Müssen". Weil wir mehr davon haben, entsteht die Erwartung, noch mehr Leistung zu erbringen. Das Geleistete muss aber auch verwaltet werden. Das wiederum erfordert Zeit. Somit holt uns die Zeit ein. Ein ungleiches Rennen beginnt, das durch blinden Aktionismus nur verloren werden kann. „Man verliert die meiste Zeit damit, dass man Zeit gewinnen will" (John Steinbeck). Langeweile hat im Wettkampf um die Zeit keine Berechtigung. Dabei wäre Entschleunigung so wichtig als Gegenpol zu ständiger Beschleunigung. Der Seele einfach Raum geben, auch einmal anzukommen. Nicht immer nur zu reisen.

Also: Keine Angst vor Langeweile. Wenn Kinder zwischendurch darüber klagen, handelt es sich um eine völlig normale Situation. Wenn sie ihre Eltern dahingehend um Rat fragen, ist das völlig ernst gemeint. Sie wissen tatsächlich in diesem Augenblick nicht, was sie tun können. Wenn sie es offen ansprechen ist das eher ein Vertrauensbeweis als eine Anklage. Einfach mit dem Kind gemeinsam überlegen, welche Möglichkeiten zur Verfügung stehen. Wenn Erwachsene dem Kind ohne negative Bewertung begegnen, wird es sich wahrscheinlich für eine Möglichkeit entscheiden. Fühlt es sich nicht ernst genommen oder abgelehnt, wird es immer weiter bohren. Dann sucht es eher nach Verständnis als nach Anregung. Findet sich in dem Moment keine Alternative, dann darf sich das Kind auch mal langweilen. Indem

„sich langweilen" seinen Schrecken verliert, kann mit Gelassenheit der Situation begegnet werden und sie als das angenommen werden, was sie ist: Eine Möglichkeit, neue Ideen zu entwickeln.

Heutzutage fällt es schwer, Momente der Untätigkeit aushalten zu können. Unser Leben ist geprägt von ständiger Aktion und Produktivität. Je mehr geleistet wird, desto höher ist die Erwartung an noch zu erbringende Leistungen. Selbst Freizeit ist davon nicht verschont. Wer sagen kann, im Urlaub „nichts" getan zu haben, muss schon fast ein schlechtes Gewissen haben. Die Freizeit wird im Aktiv- oder Erlebnisurlaub verbracht. Bloß ja nichts versäumen, um sich keinesfalls mit sich selbst beschäftigen zu müssen. Anstatt einfach zuzulassen, Körper und Seele zu spüren. Ruhig einmal aus diesem Teufelskreis aussteigen und sich der wunderbaren Muße des Nichtstuns hingeben. Weniger kann doch mehr sein.

Unser Leben ist von Geschwindigkeit bestimmt, in dem lange Weile keinen Platz mehr zu haben scheint. Diese wirtschaftlichen Prämissen von Fortbewegung und Produktivität werden auch im Privatleben fortgesetzt. Ständig befürchten wir, Zeit zu verlieren und rennen ihr deshalb nach. Wenn somit Zeit gewonnen wurde, schlagen wir sie mit irgendwelchen Aktivitäten tot.

Warum verbinden Menschen Langweile mit einer unerwünschten Empfindung? Wodurch erzeugt sie Unwohlsein? Heutiges Leben ist geprägt von einem Jahrhunderte andauernden Prozess zur Verinnerlichung der protestantischen Arbeitsethik. Untätigkeit hat hierin keinen Platz. Ihre Prämisse lautet: Müßiggang ist aller Laster Anfang.

Apropos Langeweile! In Zeiten organisierter Spaßkultur langweilt Kinder nichts mehr, als ein Spaziergang oder eine Wanderung mit den Eltern. Auch noch durch die Natur und am Ende gar zu Fuß? Was für ein Grauen. Aus Sicht der Kinder garantiert ein Fall für den Kinderschutzbund. Wo bleibt da bitte der Spaßfaktor?

Zugegebenermaßen hegten auch frühere Generationen ähnliche Gefühle. Wer aber ganz tief in seinen Erinnerungen gräbt, wird meist feststellen, dass die schönsten Erlebnisse mit gemeinsamen Aktivitäten einhergehen, die nichts mit Konsum zu tun hatten. Dem Gefühl, nachdem man den Weg bewältigt und am Ziel endlich eine Pause einlegt hat, gepaart mit einem Picknick am rauschenden Bach, einer blühenden Wiese oder am Berggipfel. Oder Erinnerungen an das Zeltwochenende, an dem der Wind immer das Zelt aus der Hand gerissen hat und alle klatschnass wurden, das am Ende aber doch noch wunderschön wurde. Oder an das wohlverdiente Eis nach der anstrengenden Radtour, das war besonders lecker.

Abgesehen vom finanziellen Minimalaufwand solcher Unternehmungen bieten sie lernpädagogisch viele Möglichkeiten: Sie lassen Raum für Gespräche wegen mangelnder Ablenkung. Außerdem stärken die notwendigen Bewegungsabläufe kognitive Fähigkeiten und tragen ganz nebenbei zu einer steigenden Frustrationstoleranz bei. Die Sinne werden von der Natur berührt. Und Eltern erleben hautnah die Entwicklungsschritte ihrer Kinder. Das Gleiche gilt für Gemeinsamkeiten wie Spielen, Musizieren, Malen oder Basteln. Allesamt Betätigungen, die kaum Geld kosten, aber einen enorm hohen Nutzen haben.

Am meisten profitieren Eltern von der Gedankenwelt ihrer Kinder. Sie sehen die Welt noch ohne leistungsbezogenes Bewertungsschema. Das bekommen sie erst von den „Großen" vermittelt. Und hierin liegt eine Chance, eigene Wertvorstellungen zu hinterfragen und durch eine andere Brille zu betrachten. Dinge, die uns schrecklich oder kompliziert erscheinen, sind es für Kinder vielleicht gar nicht? Das eigene Weltbild kann durch ihre Gedanken aus einer anderen Perspektive betrachtet werden. Kinder bieten uns die Chance, offen zu bleiben. Wenn wir hinhören, was sie uns mitteilen wollen – es lohnt sich.

10.

Am Ende
ist doch weniger mehr

Schlussbetrachtung

Unser Leben steht im ständigen Spannungsfeld zwischen unbewussten und bewussten Reaktionen. Laut Weltgesundheitsorganisation ist Stress die größte Gesundheitsgefahr des 21. Jahrhunderts. Der uralte Überlebensmechanismus erzeugt im Dauerzustand unterschiedliche Krankheitsbilder. Viele Stressfaktoren bilden unser tägliches Umfeld und lassen sich schwer vermeiden. Auch Konflikte gehören dazu. Wenn jedoch deutlich wird, dass unser Gehirn nicht zwischen einer lebensbedrohlichen Situation oder Frustration unterscheiden kann, die körperlichen Abläufe aber die gleichen sind, kann ein wesentlicher Stressfaktor unseres Lebens verändert werden. Indem Konflikte anders betrachtet werden und der Umgang mit ihnen einen angemessenen Platz einnimmt, lässt sich unnötiger Stress reduzieren.

Der Alltag und familiäres Erleben prägen Erziehung und beginnen damit ab dem ersten Lebenstag. Auch wenn Defizite meist erst in der Schule erkennbar sind, liegen ihre Anfänge schon viel früher begründet. Hier können Eltern vieles verändern. Erziehungsschwierigkeiten entstehen häufig aus einer falschen Betrachtung heraus.

Es sind die Kleinigkeiten des Alltags, die den Verlauf im Leben weitgehend bestimmen.

Kinder sind wichtig im Leben, aber nicht ständiger Mittelpunkt. Sie üben einen großen Einfluss auf uns aus, dürfen aber nicht jedes Detail bestimmen. Fatalismus bedeutet, zu fragen: Was kann ich denn schon ändern? Im Großen und Ganzen nichts. Aber dennoch: jeder Einzelne ist Teil des Ganzen und trägt ein Stück Verantwortung zum Gelingen bei. Ein einzelnes Blütenblatt ist noch keine Blume, aber schon fünf davon können ein Blütenblatt bilden.

Es ist nie zu spät für Veränderungen. Vergangenes lässt sich nicht ungeschehen machen. Aber schon der nächste Tag kann anders gestaltet werden. Jeder Teufelskreis kann durchbrochen werden, indem man einfach heraustritt. Erfahrungen lassen sich durch neue Erkenntnisse umprogrammieren. Erkenntnis bildet den Schlüssel zu Veränderungen. Durch einen neuen Blickwinkel kann eine Situation anders bewertet werden und ermöglichen, vorschnelle Interpretationen oder Projektionen zu verhindern. Hieraus entsteht die entscheidende Chance, unnötiges Konfliktpotential einzudämmen, da es meist von anderen Emotionen ausgelöst wird. Im Alltag liegen unzählige Möglichkeiten, diesen Kreislauf zu durchbrechen und das tägliche Miteinander konstruktiver und mit Wertschätzung zu gestalten.

Erziehung ist und war schon immer schwierig. Immerhin handelt es sich dabei um eine der gesellschaftlich verantwortungsvollsten Aufgaben. Bedauerlicherweise wird heute viel zu verbissen an Erziehung herangegangen. Es fehlt eine gewisse Lockerheit und Mut zur Lücke. Eltern wollen alles richtig machen und setzen dadurch sich und andere zu sehr unter Druck. Eltern können sich entspannt zurücklehnen, wenn ihnen die Zusammenhänge und ihre Folgen bewusst sind. Sie können vielmehr der eigenen Wahrnehmung vertrauen und sollten sich nicht von scheinbaren Anforderungen und Ansprüchen verrückt machen lassen, denn ...

wir sind alle Kinder unserer Zeit und auch erwachsen geworden.

Literaturverzeichnis

Barabas, F.K./ Erler, M.: Die Familie. Einführung in Soziologie und Recht. Juventa Verlag München, 1994

Elias, N.: „Zwang zum Selbstzwang" und „Zwang zur Langsicht". In: Jahrbuch der Sozialarbeit, Reinbeck bei Hamburg: Rowohlt 1981

Erikson, E.H.: Identität und Lebenszyklus. Suhrkamp Verlag, 23.Auflage 2008

Foucault, M.: Der Zugriff auf die innere Natur. In: Jahrbuch der Sozialarbeit, Reinbeck bei Hamburg: Rowohlt 1981

Gabler – Wirtschafs – Lexikon. 14. Auflage. Gabler Verlag Wiesbaden, 1997

Goleman, D.: Emotionale Intelligenz. Deutscher Taschenbuch Verlag, München

Koneberg, L./ Cramer-Rottler, S.: Die sieben Sicherheiten, die Kinder brauchen. Kösel Verlag, München 2006

Koneberg, L.: Wir alle brauchen Initiation. In: Reihe: Lebenskompetenz. Schnitzer Verlag, Marktoberdorf

Koneberg, L./ Cramer-Rottler, S.: Das bewegte Gehirn. Kösel Verlag, München 2004

Prekop, J.: Der kleine Tyrann. Welchen Halt brauchen Kinder. Deutscher Taschenbuch Verlag, München 1995

Sachsse/ Tennstedt: Geschichte der Armenfürsorge in Deutschland. Hrsg. Ch. Sachsse, 1980

Schirrmacher, F.: Minimum. Vom Vergehen und Neuentstehen unserer Gemeinschaft. Blessing Verlag 2006

Vester, F.: Denken, Lernen, Vergessen. Deutscher Taschenbuch Verlag, München 30. Auflage 2004